人人都能學會
股票當沖
全圖解

《Smart 智富》真·投資研究室 ◎著

CONTENT 目錄

Chapter 1 奠定正確觀念 快速上手

Chapter 2 掌握基本攻略 精準出擊

Chapter 3 活用操作技巧 多空都賺

編者前言

從「賺1個便當錢」起步
練就打敗黑天鵝當沖技法

　　台股近幾年走出大多頭行情，大盤有長達 10 幾個月在萬點盤旋（截至 2019.01.30），很多人想存股，但怕賺了股息、卻賠了價差；想做波段，又怕大盤萬一回檔、崩盤時，「覆巢之下無完卵」，導致個股跟著下修，就得面臨虧損，畢竟，這是台灣加權指數第 1 次這麼長的時間在萬點以上，誰知道什麼時候會突然來個大修正？

　　還記得大盤在 2018 年 2 月初的大修正嗎？ 2 月 5 日、2 月 6 日，連續兩天跳空下跌，大盤最低回到 1 萬 300 點，較前一個交易日（2 月 2 日）的高點 1 萬 1,153 點，修正了 853 點。

　　於是，很多投資人嚇壞了，存股人賣光股票，波段操作者也空手觀望，以至於錯失了不少賺錢的好機會。但在當時就有一些投資高手利用當沖，在情勢如此艱鉅的狀況下，從股市提款一整年的薪水！

千萬不要以為當沖是投資高手才能操作的方式，在採訪工作中，我發現近幾年剛踏入當沖領域的散戶，一開始也繳了不少學費給市場，常犯的毛病，不外乎就是「本來想當沖，套牢變存股」，還衝動加碼攤平，使得虧損擴大；然而賺錢的時候，又想彌補先前的損失而變得貪婪，導致賺錢不出場，股價大幅轉弱才跑，結果利潤已經大縮水。而這些操作不順的散戶，會經常呈現大賠小賺，歸究原因，就是沒有一套完整的投資邏輯，且未替自己設定風險控管的標準，當然，報酬率也只能用「慘兮兮」來形容。

　　但是，也有調整心態後，愈做愈好的散戶。以「賺1個便當錢」的平常心練習當沖，沒把握就絕對不進場；進場後，賺到預想的獲利就出場，如果判斷方向錯誤，也乖乖停損，把當沖原則設定清楚，操作起來便得心應手，就不再覺得大盤這麼嚇人了！

　　等到功夫練好了，再逐漸把進出部位放大，此時，已經能控制心魔，根據紀律來進出，而非被貪婪與恐懼所奴役。

　　本書製作的初衷，就是希望投資人不論盤勢如何、市場上有多少黑天鵝，都能在金融市場裡獲利，且透過不同金融工具的介紹，你可以先選擇適合自己的工具，接著設定好對應的風險控管原則、以及策略。

本書也特別介紹了幾位當沖投資高手——詹大、麥克連、林昇和權證小哥的操作方式，供讀者學習，雖然方法不見得百分之百適用，但有了自己的一套投資邏輯，你可以先利用免費的平台模擬練習，接著修正策略、練習、再修正……把投資的期望值提升到一定程度，相信你不僅能「賺1個便當錢」，還能天天吃大餐！

《Smart 智富》真・投資研究室

奠定正確觀念
快速上手

1-1 | 當日沖銷完成買賣
避開隔日跳空下殺風險

在金融市場裡，投資依照持有部位的時間長短，大致可以分為「當沖」、「隔日沖」、「波段」以及「存股」。當大盤價位過高，在萬點盤旋，或是黑天鵝事件頻傳之際，許多人擔心進場後，大盤或個股隔日會有跳空下殺的風險，而遲遲不敢進場，選擇空手，因而錯失了不少賺錢的好機會，但是，「當沖」能幫你避開這種風險（詳見表1）！

當沖，即為「當日沖銷」之簡稱，當日沖銷的意思是「在單一交易日於同一個帳戶，針對同一檔標的，完成買進和賣出的動作，且買賣皆為相同數量」，一般常見的交易商品包含股票現貨、股票期貨、指數期貨以及選擇權。

當沖一般是以下面2種方式進行：第1，若為看多者，可以採取「先買進、後賣出」的方式，買進單一投資標的後，同日賣出的看多交

表1 當沖僅限單日完成交易，操作時間最短
——股市投資的4種交易模式

交易模式	操作時間	操作方式
當沖	僅限單日	當日買賣結清
隔日沖	2日	前一日進場，隔日出場
波段	短、中期	進場後，持有一段時間再出場賺取價差
存股	中、長期	有錢就進場，以領股利為主

易；第2，若為看空者，則可以採取「先賣出、後買進」，賣出單一投資標的後，同日再買進回補的看空交易。不過要注意，先賣出、後買進的方式，若遇到尾盤鎖漲停買不到，就要在盤後進行借券（詳見圖1）。

綜合以上，只要是在同一個交易日買進或賣出，將相同部位在同一天做反向動作的賣出或買進，則稱作「當沖」。

例如，小華如果於2018年10月16日當天看多台積電（2330），在開盤價每股229.5元時敲單買進，並且在當日收盤時，以收盤價每股237元賣出，在不計稅負及手續費等其他成本下，每股可賺取7.5元的價差，此行為就被稱作看多的當沖交易。

　　反之，小華若在 2019 年 1 月 2 日當天看空台積電，並在開盤價每股 226.5 元賣出，然後在收盤前以收盤價每股 219.5 元回補，同樣不計算其他成本下，每股可賺取 7 元的價差，此即看空的當沖交易。

　　也因為股票當沖是在當日收盤前完成所有交易並且結清帳戶，交割帳戶中並沒有任何的資金需求產生，因此，股票當沖又被稱作「無本交易」，但是，股票當沖並非真正的無本交易，交易後產生的損益仍需要進行交割。

　　舉例來說，假如買進 1 萬元的股票現貨，在同日以 9,000 元的價值當沖賣出後，會產生 1,000 元的虧損，虧損金額的部分仍需要進行交割，而且除了虧損的金額以外，當沖亦有手續費和證交稅等成本支出，這些都必須從帳戶餘額中扣除，因此當沖並非真正的無本交易。

因為沒有留倉，收盤後任何消息皆不影響損益

　　當沖最大的優勢在於沒有留倉（持股到下一個交易日）的風險，因為是當日完成所有沖銷，結算後並未持有任何部位，所以在收盤後發生的任何事件與訊息，不論有利或是不利，對於當沖投資人來

圖1 看多者可採「先買進、後賣出」進行當沖
—— 2種當沖交易方式

說都不會產生影響。

舉例來說，小明在買進台積電後，當日立即沖銷賣出，則結算後小明的帳戶內並沒有台積電的股票。因此收盤之後，關於台積電發生的任何消息，都不會影響到小明的投資損益及心情。

假設，台積電的大客戶蘋果（Apple），在美國白天（台灣晚間）宣布要對台積電砍單，預期將會重創台積電營運及其股價，但因為是當沖交易的緣故，手中並無任何持股，所以隔日開盤後的跳空下殺，都與小明無關，當沖投資人完全沒有因時間所帶來的風險。反之，若是對公司有利的多頭消息，做空台積電的當沖投資人，在無

留倉的情況下也不會有任何損失。

　　大盤指數的期貨也是如此，例如 2018 年 10 月 11 日，因為美股暴跌帶動台股恐慌下挫，期貨就從 2018 年 10 月 9 日的收盤價 1 萬 461 點開始下殺，到 10 月 11 日收盤為 9,654 點，下跌達 807 點，若做多一口大型台指期（簡稱大台，損益為每點 200 元），從 9 日留倉至 11 日（10 月 10 日為國慶假日），單口損失將高達 16 萬 1,400 元（200 元 ×807 點），但在 10 月 9 日的期貨交易若為當沖，沒有留倉，也就不會因國外行情暴跌而帶來虧損（詳見圖 2）。

稅負成本低，證交稅僅需千分之1.5

　　除了沒有留倉風險，當沖還有另外一項重要的優勢是：稅負成本較低。自 2017 年 4 月 28 日起，政府為活絡股票市場，對股票現貨當沖交易實施降稅措施，原本所有股票現貨的證券交易，都需要收取千分之 3 的證交稅，但在當沖降稅後，股票現貨當沖的證交稅給予減半的優待，只需要千分之 1.5。

　　以股價約 230 元的台積電為例，當沖交易者在證交稅方面，每張就可節省約 345 元（230 元 ×1,000 股 ×0.0015）的稅負成本。

圖2 當沖交易者因未留倉，可躲過大跌風險
——台指期日線圖

當沖投資人可以躲過高達807點的跌勢

註：資料統計自2018.09.03～2018.01.29　　資料來源：XQ全球贏家

也因當沖投資人的交易次數比一般人更為頻繁，在交易次數不斷累積後，就會更加凸顯證交稅減半的優勢。

在 2016 年擴大當沖交易標的，以及 2017 年實施現股當沖證交稅減半後，當沖也逐漸躍升成市場中的主流交易模式。據台灣證券交易所資料顯示，在 2014 年初，當沖交易成交金額占整體成交量不到 1%，但在前述 2 項政策實施後，到 2018 年 11 月當沖占比一度逾 40%，截至 2019 年 1 月，比率雖有下降，但當沖交易成

圖3 當沖成交總金額占大盤比率一度逾40%
——台股收盤指數、當沖成交總金額占市場比重變化

> 台股當沖成交總金額占大盤比率，從2014年初不到1%，至今成長達26%～28%

—台股收盤指數
—當沖成交總金額占市場比重

單位：點

單位：%

2014 01.06　2014 11.06　2015 09.06　2016 07.06　2017 05.06　2018 03.06　2019 01.06

註：資料統計自2014.01.06～2019.01.16　　　資料來源：台灣證券交易所

交金額仍占整體成交量高達 26%～28%，短短 6 年成長 20 幾倍，當沖已成為市場中主流交易模式之一（詳見圖 3）。

除了以上 2 項優勢外，當沖交易也因為多空兩邊都可操作，不論大盤，或是個股走勢偏多或偏空，當沖交易者都有機會可以獲利，甚至能「先多後空」或是「先空後多」，使獲利加乘，兩邊都賺。另外，當沖也因「無本交易」的特性，其槓桿比率相當於無限大，資金可無限自由操作，只要當沖交易有完成，就不會有資金不足的

表2　頻繁交易下，當沖投資者心理壓力較大
——當沖優勢vs.劣勢

當沖優勢	當沖劣勢
1. 沒有留倉風險 2. 比起一般交易，成本較低 3. 無本買賣，槓桿大	1. 過度交易的疑慮，導致成本增加 2. 多空操作皆錯，損失加倍 3. 心理層面壓力大

問題，不論先買或先賣，在槓桿上都有極大的優勢。

　　不過，當沖的劣勢在於過度頻繁的交易會使交易成本提高，且在頻繁交易下，當沖投資者的心理壓力也比一般投資者要大；再來因為交易時間較短，需要專注盯盤，但不是每個人都能在開盤時間盯著盤勢操作；又如前述所說，因為當沖交易方便、多空轉換便利，有時候看錯方向，為了拗回損失，投資人恐快速轉換多空方向而頻繁來回操作，造成損失加倍擴大（詳見表2）。

　　然而，這些當沖上的劣勢，並不是沒有辦法改善，只要投資人在交易前多做一點功課、多下點功夫，多數的劣勢應該都能一一克服。例如，損失加倍與頻繁交易下的高壓力，投資人可以在進行交易前，先擬定好自身的投資計畫與策略，並且嚴守紀律進行投資，在進退

有據的情況下，想必能有效降低壓力與錯誤的決策。

另外，頻繁交易所產生的高額成本，則可選擇有較低手續費的券商，或是以股票期貨代替股票現貨當沖等方法，利用較低稅率與手續費的商品來操作，能有效降低交易稅與手續費等支出。

整體盤勢為震盪格局，適合當沖交易

由於當沖交易的部位不會有留倉帶來的風險，也就不用面臨大盤或是個股暴漲、暴跌所帶來的衝擊，因此在預期整體盤勢將為震盪格局，或是大盤在高點不上不下時，就可改以當沖交易為主。

舉例來說，以台股 2018 年 10 月 11 日為例，當日台指期高低價差 450 點，而後隔日台指期的高低價差亦高達 338 點，2 天上下震盪達 788 點，對於當沖交易者來說，等於擁有了高達 788 點的套利空間。而做波段的投資人則可能面臨到「上沖下洗」的問題，不只沒有獲利，更可能買在高點、賣在低點，兩頭皆空。

當沖多空都可以操作，且在單日結清交易，因此當沖最怕遇到個股或大盤呈現平盤走勢，不漲也不跌，當盤勢「一直線」，就代表投資人無肉可吃，此時若執意進場，反倒可能賠上手續費、稅金等

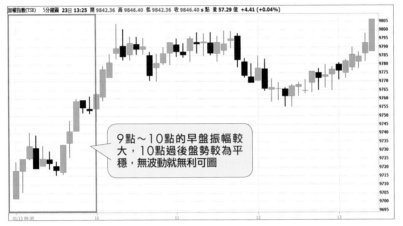

圖4 **早上10點前，台股的波動通常較大**
——2019年1月15日台灣加權指數5分鐘K線圖

> 9點～10點的早盤振幅較大，10點過後盤勢較為平穩，無波動就無利可圖

註：資料日期為2019.01.15　資料來源：XQ全球贏家

交易成本和浪費時間成本。換句話說，當沖的投資人是以「價差」維生，所以在選擇投資標的及投資時機上，最好選擇「起伏大」、「震盪大」的標的及時機點進行操作。

　　挑選交易時機上，當沖的老手們通常會選擇在 10 點以前的早盤進行交易，因為 10 點以前最多人進場搶短，所以早盤的波動往往較大，有波動就代表有獲利空間，相對有利可圖（詳見圖4）。像是當沖達人林昇，皆在早上 8 點 45 分期貨開盤時，至 10 點前的

這段時間進行交易，盯盤不超過 2 個小時，10 點過後就從股市下班。

除了早盤波動大，適合當沖交易之外，在選擇當沖交易的個股標的上，也是以價差波動大、股價活潑者為主，而且一般會選擇量大的個股進行當沖，量大代表股票換手速度快、數量大，股價普遍也較活潑；再者，量大的個股也有利於投資人進出，不會有進場後，當日卻沖不掉的窘境出現。

1-2 挑選合適工具
降低成本、提高獲利

　　了解當沖交易與其他交易的不同之處、買賣方式以及優、缺點之後，在正式交易前也需做好當沖的前置作業以及準備。目前能進行當沖且較常為投資人所運用的金融商品，一共有股票現貨、股票期貨、指數期貨以及選擇權等 4 大類。

　　最基礎的當然是「股票現貨」，要進行交易前必須擁有證券戶，但並不是開立證券戶後，就能馬上進行當沖。根據台灣證券交易所（簡稱證交所）及證券櫃檯買賣中心（簡稱櫃買中心）的規定，欲進行「當沖交易」的投資人，以下 2 項條件皆需符合，才具備進行當沖交易的資格：

1. 開立證券帳戶滿 3 個月以上。

2. 最近 1 年內，成交筆數達 10 筆（含）以上。

不過已開立信用交易帳戶者，或是專業機構投資人則不在此限。符合以上 2 項條件或已開立信用交易帳戶的投資人，接下來，可透過券商簽署「現股當沖同意書」，簽署方法可透過券商營業員進行親簽，或是藉由電腦、手機登入券商官方網站線上辦理，藉由電子憑證就能進行線上簽署（詳見圖 1）。

當沖交易乃採行 2 種方式進行，分別是「先買後賣」及「先賣後買」，除了簽署「現股當沖同意書」外，若涉及「先賣後買」的交易，需要再簽署一份「應付現股當沖券差借貸契約」。

這是因為如果當天無法買進股票來進行沖銷，也就是沒有完成當沖交易，可更改交易類別為融券、借券賣出，或是透過券商向有持股且願意出借股票的投資人，借入證券進行沖銷，因此，須先簽署「應付現股當沖券差借貸契約」，始可開始進行「先賣後買」的當沖交易（詳見圖 2）。

投資人只要先符合當沖交易資格，再親赴券商臨櫃或是線上交易平台完成簽署，簽署完後立即生效，就能開始進行當沖交易。但在當沖交易前也需注意，雖然政府為活絡市場，於 2014 年開放股票現貨當沖，但並非每檔股票都能當沖，或是可當沖但僅能進行「先買後賣」的交易模式，因此在進行當沖之前，還是要先確認欲買賣

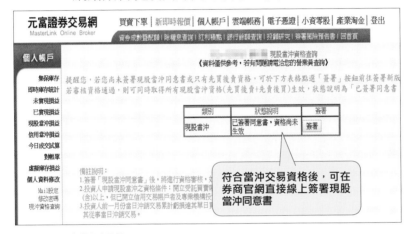

圖1 簽署現股當沖同意書，可透過券商官網線上辦理
——網路簽署現股當沖同意書示意圖

資料來源：元富證券交易網

之標的是否符合當沖交易的資格，以下為符合當沖交易資格的股票：

1. 證券交易所「台灣 50 指數」成分股股票、「台灣中型 100 指數」成分股股票及櫃檯買賣中心「富櫃 50 指數」成分股股票。

2. 得為發行認購（售）權證標的、得為融資融券之有價證券或得為有價證券借貸交易標的，並經台灣證券交易所或證券櫃檯買賣中心公告者。

3. 上開有價證券經台灣證券交易所或證券櫃檯買賣中心公告為變更交易方法或處置者，則不得列入。

截至 2019 年 1 月 30 日，目前台股共有 1,405 檔個股能夠進行當沖，其中 1,402 檔能進行「先買後賣」及「先賣後買」的雙向當沖，但有 3 檔個股僅能進行「先買後賣」的單向當沖，不能進行「先賣後買」。不過能當沖的標的會定期調整。若想查詢個股是否能當沖，有 2 個方式，首先可透過證交所跟櫃買中心網站查詢，或直接用券商所提供的軟體下單處看是否能夠進行當沖（詳見圖解教學）。

股票期貨、指數期貨及選擇權亦可當沖

除了股票現貨之外，較為進階的金融商品，包含股票期貨、指數期貨以及選擇權也是當沖投資人常運用的工具，以下分別介紹。

針對個股，當沖除了股票現貨外，也可利用「股票期貨」進行當沖，股票期貨是以股票為標的的期貨商品，期貨的計價單位為「口」，1 口股票期貨等於 2 張股票現貨，每口操作僅需股票股價 13.5% 的保證金，即可進行交易，投入金額會低於股票股價，是一種槓桿式投資操作。

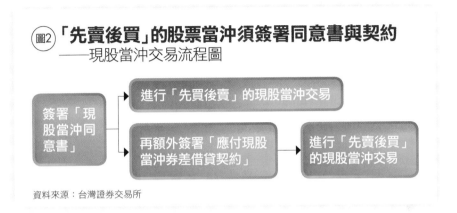

圖2 **「先賣後買」的股票當沖須簽署同意書與契約**
——現股當沖交易流程圖

簽署「現股當沖同意書」 → 進行「先買後賣」的現股當沖交易

→ 再額外簽署「應付現股當沖券差借貸契約」 → 進行「先賣後買」的現股當沖交易

資料來源：台灣證券交易所

　　不過，投資人需注意的是，並非每檔股票都有期貨可以交易，只有部分個股有股票期貨，據台灣期貨交易所（簡稱期交所）目前的資料顯示，截至 2019 年 1 月 30 日止，期貨市場中共有 189 檔個股有期貨可以進行交易。

　　交易成本方面，相較於股票交易稅千分之 3 或是當沖交易稅的千分之 1.5（前者減半），股票期貨的交易稅僅需要 10 萬分之 4（買賣各課 10 萬分之 2）。以手續費來說，股票的手續費是千分之 1.425，且買賣各收取一次，藉由電子方式下單多可享折扣。舉國內最大的券商元大寶來為例，由電子方式下單，手續費可享 6 折，為千分之 0.855（千分之 1.425×0.6），而股票期貨的手續費則是固定以「口」計算，依投資人與期貨商的約定，每口為 20 元～

50 元不等，亦為買賣皆收取一次。

指數期貨方面，可細分為大台指期、小台指期、金融期、電子期、非金電期以及櫃買期，其中大台指期和小台指期皆以台灣加權指數為交易標的，最大的差異在於交易規模的不同。

例如大台指期、小台指期、金融期以及電子期，如果有簽署開啟「期貨當沖」的交易功能，且當日的操作模式為當沖交易者，保證金可予以減半。交易稅及手續費的部分，指數期貨與股票期貨相同，交易稅也是買賣時各收取一次 10 萬分之 2，總共是 10 萬分之 4；手續費同樣是依與期貨商約定有所不同，每口 20 元～ 50 元不等。

選擇權則是期貨的衍生性商品，也就是二度衍生的金融商品，是以期貨契約作為交易標的，並以口為計算單位。目前個股與大盤指數都有選擇權可供交易，根據期交所的資料顯示，截至 2019 年 1 月 30 日止，個股選擇權有 49 檔，在選擇權的交易成本上，交易稅為千分之 1，買賣各收取一次，總共為千分之 2；每口的交易手續費約為 16 元～ 25 元不等，一樣是與期貨商約定價格（詳見表1）。

還有一點要特別提醒投資人，關於期貨和選擇權交易，向期貨商

開戶可以得到較佳的手續費報價;但是如果是向一般證券商開戶,則有如期貨商的分銷通路,營運成本較高,因此手續費也較高。

哪種工具比較適合當沖呢?其實沒有標準答案,因為有些商品有槓桿特性,操作時報酬率較高,但相對而言,虧損的機會也較大,所以投資人應依照自身的風險承受度,使用熟悉的操作工具為主。選好工具後,再比較每家券商或期貨商的成本,使獲利最大化。

以股票期貨進行當沖,具交易成本優勢

若投資人對股票現貨、股票期貨的交易都相當熟悉,在操作個股當沖時,一般會以股票期貨代替股票現貨進行操作(前提是有股票期貨可供交易),以下舉台積電(2330)2019 年 1 月 15 日開盤價每股 216.5 元,以及收盤價 221 元(每股價差 4.5 元)的當沖操作為例,分別比較股票現貨及股票期貨這 2 種商品的成本與損益。

假設以當沖 2 張台積電股票現貨(相當於 1 口期貨)來說,2 張股票價差各 4.5 元,淨損益為 9,000 元(4.5 元 ×2,000 股),手續費以電子下單 6 折試算,買進時手續費約 371 元(216.5 元 ×2,000 股 ×0.001425×0.6);賣出時須付交易稅 663 元(221

表1 股票期貨與指數期貨的交易稅僅需10萬分之2

項目	股票現貨	股票期貨	
交易稅	一般交易：千分之3 當沖交易：千分之1.5（減半）	10萬分之2，買賣皆收，共10萬分之4	
手續費	千分之1.425（買賣皆收），電子下單一般有6折起跳的折扣	每口20元～50元不等，依與期貨商約定有所不同	
計量單位	張	口	
計價單位	元	與股票同，但1口股票期貨等於2張股票現貨，代表每點跳動損益將加倍。例如：台積電（2330）的股票上升1元，股票的損益增加1,000元，但股票期貨則為2倍，為2,000元	
升降單位	採6個級距： 1. 股價未滿10元者，為0.01元 2. 股價10元至未滿50元者，為0.05元 3. 股價50元至未滿100元者，為0.1元 4. 股價100元至未滿500元者，為0.5元 5. 股價500元至未滿1,000元者，為1元 6. 股價1,000元以上者，為5元	升降單位標準與股票相同	

資料來源：各大券商、期貨商

元×2,000股×0.0015）及手續費約378元（221元×2,000股×0.001425×0.6），在扣除交易稅與手續費後，可得到總損益約7,588元（9,000元－371元－663元－378元）。

——當沖不同金融商品的成本、計價、計量及升降單位比較

指數期貨	選擇權
10 萬分之 2，買賣皆收，共 10 萬分之 4	千分之 1，買賣皆收，共千分之 2
每口 20 元～ 50 元不等，依與期貨商約定有所不同	每口 16 元～ 25 元不等，依與期貨商約定有所不同
口	口
1. 大台指期：點，1 點代表 200 元 2. 小台指期：點，1 點代表 50 元 3. 金融期：點，1 點代表 1,000 元 4. 電子期：點，1 點代表 4,000 元	點，1 點代表 50 元
1. 大台指期：1 點，相當於 200 元 2. 小台指期：1 點，相當於 50 元 3. 金融期：0.2 點，相當於 200 元 4. 電子期：0.05 點，相當於 200 元	採 6 個級距： 1. 價格未滿 10 元者，為 0.01 元 2. 價格 10 元至未滿 50 元者，為 0.05 元 3. 價格 50 元至未滿 100 元者，為 0.1 元 4. 價格 100 元至未滿 500 元者，為 0.5 元 5. 價格 500 元至未滿 1,000 元者，為 1 元 6. 價格 1,000 元以上者，為 5 元

　　若改以股票期貨進行當沖，則有交易成本上的優勢，一樣以操作台積電的股票期貨為例，在 2019 年 1 月 15 日以開盤價每股 216.5 元買進一口股票期貨，並在收盤價 221 元當沖賣出，可以

表2 **利用股票期貨當沖，總損益優於股票現貨當沖**
——以台積電（2330）為例

項目	股票現貨	股票期貨
淨損益	9,000元	9,000元
買進手續費	371元	採最高計，每口50元
賣出手續費	378元	採最高計，每口50元
交易稅	663元（稅率按千分之1.5計算）	16元（買賣稅率各收10萬分之2）
總損益	7,588元	8,884元

註：以2019年1月15日台積電開盤價每股216.5元，以及收盤價221元來計算；股票現貨當沖手續費以電子下單6折優惠計算

　　賺取價差4.5元，淨損益為9,000元（4.5元×2,000股），買進時須支付交易稅10萬分之2，約8元（216.5元×2,000股×0.00002），賣出時也需要支付10萬分之2，約8元（221元×2,000股×0.00002），買進與賣出的手續費各以市場最高的每口50元計算，買賣總共需要100元（50元×2）。由此可知，採用股票期貨操作台積電的淨損益為8,884元（9,000元－8元－8元－100元），高於股票當沖（詳見表2）。

　　在操作股票期貨時，投資人要特別注意，股票期貨不同於股票現貨，在買入前帳戶內需有保證金，雖然股票期貨當沖的成本較低，

但不能像股票當沖一樣進行「無本交易」，而現行股票期貨的保證金每口為股票價值的 13.5%，以股價 216.5 元的台積電為例，每張股票現貨價值為 21 萬 6,500 元，操作其股票期貨時，保證金帳戶內要有約 2 萬 9,228 元（21 萬 6,500 元 ×13.5%）才能進行買賣。

由上述台積電股票現貨與股票期貨的範例可以發現，利用股票期貨雖然需先支付保證金，但其交易稅與手續費成本更低，當個股的股價愈高時，節省手續費和交易稅的效果就愈明顯，也因當沖屬於頻繁交易，交易成本在不斷累積後，往往將成為影響獲利大小的關鍵因素。因此，建議投資人在進行交易前，可以先試算不同商品在不同策略下的總成本、總損益以及個人的資金狀況，再選擇適宜的商品進行當沖。

圖解教學　查詢個股是否可進行當沖交易

若想知道股票標的是否可進行當沖交易，上市股票可利用台灣證券交易所網站（www.twse.com.tw）免費查詢，上櫃股票則可在證券櫃檯買賣中心網站（www.tpex.org.tw/web/）進行查詢，或是直接以券商的下單系統來判斷。

假設欲查詢上市股票是否可進行當沖，先進入台灣證券交易所的首頁後，滑鼠游標移至❶「交易資訊」，接著點選❷「當日沖銷交易標的及統計」→❸「每日當日沖銷交易標的及統計」。

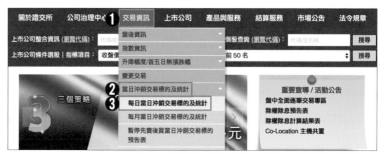

進入下個頁面後，選擇欲查詢的❶「資料日期」以及❷「分類項目」，並按下❸「查詢」，畫面中就會出現❹當日沖銷交易標的。

上櫃股票部分，進入證券櫃檯買賣中心的首頁後，滑鼠游標移至❶「上櫃」，接著點選❷「現股當日沖銷交易專區」→❸「現股當沖交易標的」。

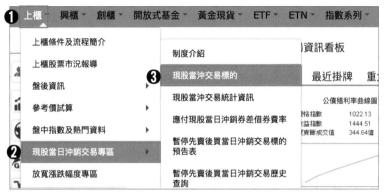

跳出下個頁面後，❶「請輸入公司代號或簡稱」以及選擇❷「資料日期」，就能在畫面中看到❸當日沖銷交易標的及可否進行當沖。

證券代號	證券名稱	暫停現股賣出後現款買進當沖註記
006201	元大富櫃50	
00679B	元大美債20年	
00687B	國泰20年美債	
00694B	富邦美債1-3	★
00695B	富邦美債7-10	★
00696B	富邦美債20年	★
00697B	元大美債7-10	
00718B	富邦中國政策債	
00719B	元大美債1-3	
00720B	元大投資級公司債	

接續
下頁

STEP 5

若有想當沖的標的，但不知道能否當沖，也可直接打開券商下單軟體，進入該檔標的的買賣頁面查看，此處以台積電（2330）為例，並使用「元富行動達人」App來示範。進入首頁後，選擇❶「類股報價」，再❷「請輸入商品代號或商品名稱」，接著點選❸「台積電」，代表以該檔交易標的進行買賣，跳出下個頁面後，從右上角❹「買賣現沖」圖示，就能得知該標的可進行先買後賣、先賣後買的雙邊現沖，但如果是出現「先買現沖」，就代表該標的只能先買後賣。

資料來源：台灣證券交易所、證券櫃檯買賣中心、
元富行動達人 App

延伸學習

非一般正式交易時間的盤後交易稱為「夜盤」

近年金融市場黑天鵝事件頻傳，全球股市震盪劇烈，為了讓投資人能有更完善的交易制度及避險管道，台灣期貨交易所接軌國際多數期貨交易所的主流做法，於2017年5月15日盤後正式啟動期權市場的「盤後交易」，將我國期貨市場股價指數類商品的交易時間從5小時延長到19小時，而匯率類商品的交易時間則從7.5小時延長至19小時。

盤後交易就是俗稱的「夜盤」，顧名思義即為非一般正式交易時間（日盤）進行的期貨交易，這也就是為何在有些App上，指數期貨會出現「台指近」和「台指近全」2個不同項目，事實上都是同一種商品，只是為了部分投資人對價格分析的需求，用「台指近」表示在一般時間開、收盤的「近月期貨」（當月的指數期貨）；而「台指近全」則顯示在「一般時間交易」與「盤後交易」，全天候交易時間的價格走勢。

「台指近全」包含一般交易時間與盤後交易時間的價格走勢

資料來源：元富行動達人

另外，依據期貨規模大小的不同，台灣上市大盤指數期貨，又可分為「大台指」和「小台指」2個不同商品，大台指就是一般投資人常見之台指期，其規模為小台指的4倍大。

一般交易時間	盤後交易（夜盤）時間
8 點 45 分 ～ 13 點 45 分（8 點 30 分 ～ 8 點 45 分開始收單，盤前 2 分鐘不得刪改委託，僅得新增）	收盤後，15 點到次交易日清晨 5 點結束

資料來源：台灣期貨交易所

1-3 提升配備＋充足資金 取得致勝先機

　　當沖前置作業除了取得當沖交易資格、帳戶及了解金融商品差異與運用外，在軟、硬體設備和資金部位的準備上也相當重要。正式進入當沖實戰階段前，先讓我們一窺當沖交易贏家們在設備、交易系統及資金部位上與一般人有何不同？有什麼地方值得我們借鏡？

交易制度改變，硬體設備成獲利關鍵

　　電影《功夫》裡，反派火雲邪神的一句「天下武功，無堅不摧，唯快不破」，以「速度」作為功夫能勝過對手的關鍵原因，而速度對於「當沖交易」的重要性更是有過之而無不及。

　　特別是在 2018 年 9 月，金融監督管理委員會（簡稱金管會）宣布，將在 2020 年 3 月 23 日迎來交易制度上的重大變革，交易制度將由原先每 5 秒撮合一次的「集合競價」方式，改變為「逐筆交

圖1 逐筆交易是有委託就撮合，資訊揭露速度更快
——集合競價vs.逐筆交易

◎**集合競價**：盤中每5秒撮合1次

◎**逐筆交易**：一有委託立即撮合、資訊透明度高

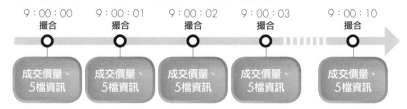

註：成交價量為成交價格與數量；5檔資訊為委買最高5檔報價及委賣最低5檔報價
資料來源：台灣證券交易所

易」模式，預料將大幅加快市場成交及價格變動的速度。逐筆交易
實施後，只要買單與賣單符合所需價格，便會立即成交，在此情況
下，預估成交價格將呈現更具有連續性，成交筆數也會上升（詳見
圖1）。

也因為交易速度增快、價格連續性提高且資訊更透明，將使股票

成交的價格波動度變小，以波動振幅為獲利基礎的當沖交易勢必會受到影響，預料短線當沖交易將因為交易速度變快，在交易設備上發展成「軍備競賽」，而為了能夠在當沖市場中取得優勢，投資人在進行當沖交易之前，務必做好設備上的前置準備以及擬定買賣策略。

「工欲善其事，必先利其器」，以當沖達人林昇為例，他所使用的看盤軟、硬體及系統就有別於一般的投資人，是以穩定及對盤勢能快速做出反應為前提所建置的設備架構，其當沖交易設備為「1機3螢幕」（1台主機搭配3台電腦螢幕），他利用3台螢幕看盤，以求不錯過任何交易相關資訊。

1機3螢幕的功用在於：1台螢幕觀察大盤與期貨指數走勢，另1台螢幕作為下單交易，最後1台螢幕則用來盯自選股（詳見圖2）。

倘若只擁有1台螢幕，除非切換速度夠快，否則會有「時間差」問題，投資人要知道，當沖屬於「短線且頻繁的交易」，短暫與頻繁交易致勝的關鍵就在於「比快」！因此，絕對沒有一個當沖交易贏家僅利用手機介面進行下單，贏家們一定是將所有設備準備齊全，才會走進戰場，若只使用手機下單，就像是騎馬射箭的古人想和手持槍砲的現代人作戰一般，必敗無疑！

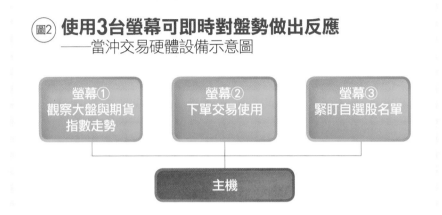

圖2 使用3台螢幕可即時對盤勢做出反應
——當沖交易硬體設備示意圖

| 螢幕① 觀察大盤與期貨指數走勢 | 螢幕② 下單交易使用 | 螢幕③ 緊盯自選股名單 |

主機

看盤軟體與下單速度亦是當沖決勝要點

　　硬體配備準備完後，軟體的選擇上也是另一個當沖交易贏家致勝的關鍵，以林昇的看法，元大證券和凱基證券這2大券商的看盤系統與下單速度反應最佳，可以此2家業者的系統作為優先下單的管道。除了系統反應的速度外，大型證券商有另外一項優勢，在於券商規模愈大，要進行「先賣後買」，也就是融券賣出的當沖放空交易時，會有愈多的券源可供投資人使用，不容易發生券源不足而無法交易的情形。

　　投資人也可向所屬的券商營業員申請使用「大戶系統」，並將其

單純作為下單使用，有助於提升當沖交易的買賣速度。所謂的「大戶系統」，就是指券商及期貨商為「大戶」量身打造的系統，一般為交易筆（口）數夠大的大戶可下載使用，但並未限制只有大戶才能申請，一般投資人也能嘗試申請使用，但要注意的是，須先向券商與期貨商確認是否有「大戶系統」可供使用，至於申請資格與使用條件為何，也得向營業員協調。

大戶系統的優勢在於報價速度、下單速度和系統穩定度，並有「熱鍵下單」、「智慧下單」等功能協助投資人快速下單。前面有提到「速度」是當沖交易人能否獲利出場的重要關鍵，若能使用大戶系統，較不易出現下單後系統延遲或是停擺等「卡單」問題，能在穩定度和速度上比別人更具優勢。

當沖前須備妥資金，避免違約交割

軟、硬體設備建置後，另一項重要的關鍵在於資金的準備充足度。首先，在進行期貨當沖時，因為需要先繳交保證金，所以還是要有資金部位，不像股票當沖能夠進行「無本交易」。但投資人要特別注意，股票雖能無本當沖，但在交易日（Ｔ日）過的２日（Ｔ＋２日）仍要交割當沖交易後產生的虧損，且尚有手續費、交易稅等支出，並不是完全無本買賣。

圖3 跌停時被迫留倉，需在交易日後2天進行交割
——當沖資金交割示意圖

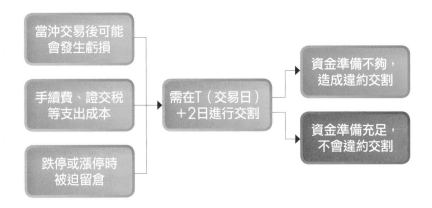

況且，當沖新手不可能一開始就能百分百獲利，還是要操作一陣子，等到穩定、對盤勢更敏感後才會較得心應手，就算是在股市中征戰已久的老手，也幾乎沒有人天天當沖賺錢，只能追求較高的勝率，且要維持大賺、小賠。因此，在正式開始當沖交易前，一定要先將資金糧草準備好，才有持久戰的本錢。

此外，也要提醒投資人，當沖交易者容易因盤中股價波動影響情緒，造成誤判使虧損過大，亦可能因為先買後賣時無法賣出（例如跌停時），或先賣後買時無法進行買進（例如漲停時），而被迫「留

##

圖4 **至少要準備20萬資金再進場買賣**
——當沖前置準備流程圖

| 取得「當沖交易資格」及帳戶 | → | 軟、硬體設備建置,以穩定度、速度取勝 | → | 準備當沖資金,建議至少20萬元,並設定虧損與交易金額上限 | → | 擬定當沖交易策略後進場 |

倉」,就算隔一個交易日就平倉(編按:指完成買賣交割,手中無部位),仍需進行交割。

一旦資金不夠交割就會造成違約交割(詳見名詞解釋),後果不堪設想,因此還是要提前在資金上做好充足的準備(詳見圖3),

$ **名詞解釋**

違約交割

交割是指在股票交易成交後的第2個營業日,買進股票者須支付現金進行交割,而賣出股票的人則要轉出股票予買入者,若無法在期限內完成最終的交割手續,則稱為違約交割。違約交割通常發生在股市「震盪劇烈」的時刻,因為買進者不看好後市,進而反悔不買進;或是賣出者看好後市,進而反悔不願賣出股票,造成交割無法完成的「違約交割」情形。

建議當沖新手最好準備 20 萬元的資金後，再開始進場買賣，或者規定自己每日、每月交易的虧損上限，將虧損與交易金額控制在自身可承受的範圍以內，以免損失過大，使個人投資節奏失控，影響生活。

最後，還是要奉勸各位投資人，在正式開戰前別忘了做軟、硬體前置及資金部位的準備，且再三確認、適時更新。提升設備與準備資金有如打點戰前的糧草裝備，裝備愈齊全者，戰力愈強；足夠的資金部位則更能加強操作信心，防止錯誤的決策產生（詳見圖 4）。股市中有一句名言：「人是英雄，錢是膽」，當沖亦是如此，在當沖交易如此頻繁且短線的戰場上，不論是資金或設備，若能取得絲毫優勢，都絕對不能放過。

延伸學習

使用閃電下單介面，當沖交易更快速

在大戶系統或一般投資人所使用的交易系統中，有一個特別且有用的功能——「閃電下單」，大部分的券商、期貨商都有提供「閃電下單」，閃電下單顧名思義，就是為了讓投資人快速進行下單所設計的功能，以群益期貨「群益超級贏家」下單軟體為例，將其一般下單介面與閃電下單介面做比較，介紹這兩者交易介面的差異：

一般下單介面上，此處以期貨買賣為例，首先須點選❶期貨商品，出現下方❷下單功能列後，再填入相關交易資訊，可勾選❸買進或是賣出，輸入❹口數及價格等資訊，再按下❺「立即下單」，即進入最後確認畫面。

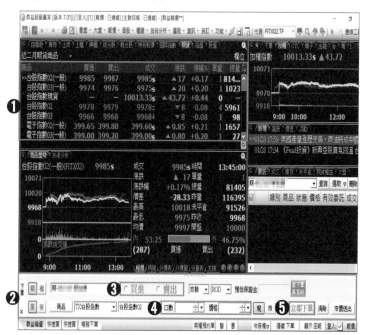

STEP 2　出現一個❶委託確認的小視窗後，確認完下單相關資訊，再按下❷「確定送出」即可。可見若使用一般下單介面，手續較繁複，可能會錯失當沖交易的最佳時機。

資料來源：群益超級贏家

而閃電下單的部分較為便捷，交易可在一個畫面裡完成，以下示範：

STEP 1　首先在一般下單介面上方點選❶閃電圖示，進入閃電下單介面，接著查詢欲交易的❷「商品」及輸入❸「口數」後，就可在下方看見商品的報價，點擊左方為❹「買進」、右方為❺「賣出」，即可進行下單交易。

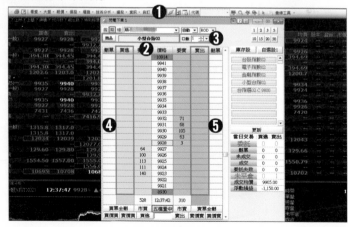

接續
下頁

亦可透過上方❶功能設定圖示，開啟❷「功能設定」視窗，將閃電下單介面客製化，如交易的❸「口數設定」、❹「單擊滑鼠下單」或「雙擊滑鼠下單」，或❺「啟動右鍵刪單」等功能。

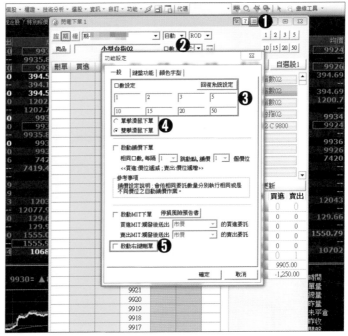

資料來源：群益超級贏家

由以上比較可知，閃電下單的步驟更為簡潔，交易速度大幅勝過一般交易介面，若當沖交易者能熟悉閃電下單，可更快速地進行下單交易，藉由速度搶得當沖致勝先機！

擬定策略、嚴控風險
避免交易脫序

在市場中，所有的投資贏家，一定都有自己的一套方法及交易上的風險控管原則，例如，如何選擇標的、何時該買進、何時該賣出、停利點以及停損點的設定等，各家各派的交易策略雖有所不同，但選擇策略的核心原則乃在於「適不適合？」、「有沒有效？」。適合 A 投資人的策略不一定適合 B 投資人，同樣地，適合 B 投資人的策略不一定適合 A 投資人，在交易前，最重要的是找到適合自己，且能夠有效獲利的策略。

運用「期望值」，找出合適的交易策略

為了找到合適的交易策略，投資人不妨利用統計學上「期望值」的概念來進行策略上的挑選。期望值的定義為：每次可能的結果乘上其結果機率的總和（結果 × 機率＝期望值），在金融市場中，結果就是每次交易的報酬，機率則為該交易策略的勝率，交易的期望

值就相當於不論盈利或是虧損的所有可能結果之總和，投資人要注意，並非勝率愈高、期望值就愈高，報酬高低亦會影響期望值大小。

舉個例子來說，假設有一項交易策略 A 的勝率為 70%，預估獲利為 2,000 元，虧損為 1,000 元，則該項策略的期望值即為 1,100 元（2,000 元 ×70% － 1,000 元 ×30%）。另一項交易策略 B 的勝率較低，為 50%，但是預估獲利為 4,000 元，虧損為 1,000 元，則該項策略的期望值為 1,500 元（4,000 元 ×50% － 1,000 元 ×50%）。

由此 2 項交易策略的期望值可知，勝率高低不是絕對，勝率較高者不一定擁有較高的獲利，期望值高低才是策略選擇的關鍵。

當沖交易要掌握「期望值」的另一個重點在於，當沖交易的頻率十分高，交易量也相當大，在這種條件下，期望值的參考價值相對高。因此，在選擇當沖交易策略時，可以先試算各項策略的期望值，以找到適合自己且能有效獲利的策略（詳見圖 1）。

設定停損、停利機制，防止過度交易

期望值有正、有負，操作上的勝率亦有高、有低，當沖交易的勝

圖1 **勝率高低與獲利大小是影響期望值的關鍵**
——期望值計算公式及試算範例

 期望值
（期望報酬） = 可能的結果
（每次交易的報酬） 發生機率
（勝率）

◎**交易策略A**
1,100元（期望值）
＝2,000元（獲利）×70%（勝率）＋ 1,000元（虧損）×30%（虧損率為100%－70%）

◎**交易策略B**
1,500元（期望值）
＝4,000元（獲利）×50%（勝率）＋ 1,000元（虧損）×50%（虧損率為100%－50%）

> 由交易策略A、B可得知，勝率高低不是絕對，期望值高低才是關鍵，在選擇策略時，需選擇「較高期望值」者

率絕不可能是百分之百，所以擁有交易策略之外，也應該做好交易上的風險控管。策略能使交易進退有據，而做好風險控管則可使投資不失序。

以當沖達人詹大為例，他會設定每日當沖交易的買進加上賣出金額為 200 萬元，甚至賺到「固定金額」後就不再進行交易，以免過度交易令投資人失心瘋，打亂自己的交易操作節奏。如果日後本金

逐漸放大，投資人也可以按照比例，放大自己的交易金額與損益上限。

所以，投資人要能夠先去設想，自己每日、每月、每季，甚至是每年「最多」可以損失多少、資金部位能夠承受多大風險、停損及停利的比率，甚至是設定自己每天最多「賺多少」？

風險控管除了資金部位設定外，也要避免「留倉」以及「重壓」，如同 1-1 所說，當沖交易最大的優勢就在於沒有留倉風險，倘若投資人反其道而行，將當沖交易轉為留倉，豈不是放大自己的交易風險，違背原先當沖的初衷和原則？而重壓則會令投資人的損益過度放大，容易使投資人心理壓力過重，讓當沖交易脫序（詳見圖 2）。

進場前，可使用網路平台模擬交易策略

在找到交易策略及了解風險控管的原則後，投資人也不需要一開始就真正投入資金進行交易，可先利用紙筆模擬，或是使用網路上的模擬交易平台，來判斷交易策略是否有效？期望值為多少？是否要持續採用該策略？例如，台灣期貨交易所建置的「線上虛擬交易所」網站，就很適合投資人來進行期貨當沖交易策略模擬（詳見圖解教學❶）。

圖2 設定交易金額上限，並擬定策略嚴格執行
——當沖風險控管5原則

原則 1	找出能交易的最大金額、最大風險
原則 2	設想自身能承受的最大損失
原則 3	不留倉，以免違背當沖原則
原則 4	不重壓，以免影響交易情緒
原則 5	找到策略，並嚴守交易紀律

　　以「盤中延遲」模式的模擬交易為例，是按期貨交易日的日盤行情播送延遲5分鐘之行情資訊來進行，也就是說，期貨開盤時間為早上8點45分，模擬交易開始時間為早上8點50分，但走勢與真正盤勢相同，只要「不偷看」，投資人就可以進行實戰的模擬練習。

　　只要向台灣期貨交易所的線上虛擬交易所網站註冊會員後，即可參與模擬交易，帳面上的起始資金為100萬元，介面相當簡潔，使用起來也非常容易，同時也有閃電下單功能可供投資人模擬，是一個相當適合練習期貨當沖交易的平台。

　　投資人可多利用這類網站來模擬交易策略的勝率及期望值,訓練自身的「盤感」,有助於找到屬於自己的一套交易模式與策略,若尚未找到一套專屬自己的交易模式前,不如先觀望,運用紙筆或是網路工具進行模擬,千萬不要急著進場,為了交易而交易,拿自己白花花的錢開玩笑,沒有做好準備的人,是絕對不可能成為市場中的長期贏家。

　　接下來,我們將進入當沖模擬交易的世界,以下將以圖解教學的模式,向讀者講解如何利用台灣期貨交易所所建置的免費平台──線上虛擬交易所進行「期貨當沖模擬交易」,以及藉由 CMoney 免費的「股市大富翁」網站進行「股票當沖模擬交易」(詳見圖解教學❷),希望讀者在正式上當沖戰場廝殺前,能從這 2 個網站有所收穫。

圖解教學❶　用「線上虛擬交易所」進行期貨當沖模擬交易

進入台灣期貨交易所的線上虛擬交易所網站首頁（sim.taifex.com.tw/sim／）後，將滑鼠游標移至右方，可選擇任一種模式，此處以❶「盤中延遲模式」為例，進行交易競賽模擬。

跳出下一個頁面後，再選擇❶「進入競賽」。

接續
下頁

接著,需要先❶「登入會員」,輸入帳號與密碼。若原本不是線上虛擬交易所的會員,則可按下❷「註冊會員」先行註冊,接著才可進行模擬交易。

登入會員後,因台灣期貨交易所為求模擬交易之完整,所以需先將虛擬帳戶內的資金轉進保證金帳戶中,也就是「入金」。首先選擇❶「競賽帳戶」,再點選下方❷「帳戶管理」→❸「保證金出入金」,進行轉帳入金。

STEP 5 完成「入金」後，進入交易競賽畫面，可開始進行「期貨當沖模擬交易」。另外，也可點選上方❶「快速下單」，跳出右方的❷閃電下單交易視窗，進行閃電下單之模擬。

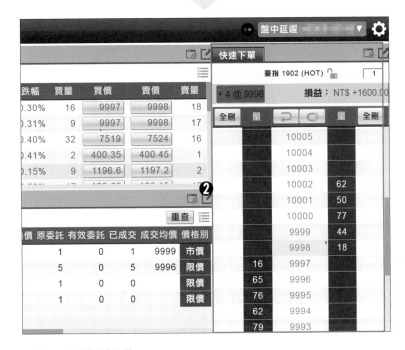

功能	代碼	名稱	成交價	漲跌	漲跌幅	買量	買價
★	TXF	臺指 1902	9998	▲30	▲0.30%	16	9997
★	MXF	小臺 1902	9999	▲31	▲0.31%	9	9997
★	T5F	臺50指 1902	7535	▲30	▲0.40%	32	7519
★	EXF	電指 1902	400.40	▲1.65	▲0.41%	2	400.35
★	FXF	金指 1902	1196.8	▲1.8	▲0.15%	9	1196.6

資料來源：台灣期貨交易所

圖解教學❷ 用「股市大富翁」進行股票當沖模擬交易

除了期貨當沖模擬交易之外，股票當沖模擬交易則可參考CMoney的「股市大富翁」網站（www.cmoney.tw/vt/），亦有手機App可供下載，該網站及App能夠免費進行股票及期貨選擇權2種模擬交易。

投資人要特別注意，利用「股市大富翁」進行「當沖交易」時，必須使用信用交易來進行，無法直接當沖。因此，必須先融資買進、再融券賣出，進行看多當沖；反之，若欲從事看空當沖，則先融券賣出、再融資買進。但在真實交易時，當沖交易不需要採用信用交易的融資、券方式。

以下就用「股市大富翁」來示範股票當沖模擬交易，首先進入「股市大富翁」網站首頁後，將滑鼠游標移至❶「登入電腦版」。

STEP 2 進入下一個畫面後，可選擇❶註冊會員或是利用臉書（Facebook）帳號綁定來登入，登入後即可開始進行模擬交易。

STEP 3 進入模擬交易畫面後，可在❶股票下單功能列中輸入❷「股票名稱/代碼」、❸「價格（元）」及欲購買之❹「數量（張）」進行買賣交易。

資料來源：CMoney

掌握基本攻略
精準出擊

透過現股當沖
了解規則、練出盤感

當沖只需要很少的資金，就能固定每天從台股提款，許多剛進入職場的小資族因為存款不多，所以都希望利用當沖賺些便當錢。但是，大部分的散戶都認為當沖非常困難，真的是如此嗎？有沒有什麼方法適合當沖新手呢？

利用每天股價些微波動，積小利為大獲利

雖然當沖是指當天買賣同一檔標的，但是，同樣是當沖，還是能區分多種不同的操作方式。也就是說，不同的工具、不同的標的、不同的持有期間，難易度也會有所差別。因此，如果以當沖的工具（標的）來區分，可以分為股票（又稱現股、現貨）、股票期貨（簡稱股期）、台指期與台指選擇權 4 大類（詳見圖 1）。

另外，如果從當沖持有時間來區分，可以分為 3 個等級，由短到

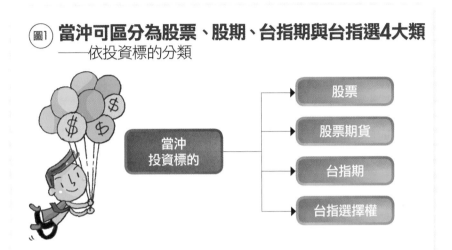

圖1 當沖可區分為股票、股期、台指期與台指選4大類
——依投資標的分類

當沖
投資標的

股票

股票期貨

台指期

台指選擇權

長分別是：1.tick（檔位，詳見名詞解釋）等級：目標是賺取1～2個檔位的價差，通常每天操作機會達數十次；2.分鐘等級：目標是賺取1～2分鐘短期訊號轉變的價差，通常每天操作機會約有1～5次；3.日內波等級：目標是賺取當天股價走勢的整個波段，投資人持倉時間約數十分鐘，有時候甚至1～2個小時以上，通常每日

$ 名詞解釋

tick（檔位）

檔位是指股價升降的單位，在不同股價區間時，股價的升降單位不同。目前台股的升降單位依股價高低區分為6個級距，最低為0.01元，最高為5元。

② 依據抱股時間長短，當沖可以區分為3個等級
—— 依持倉時間分類

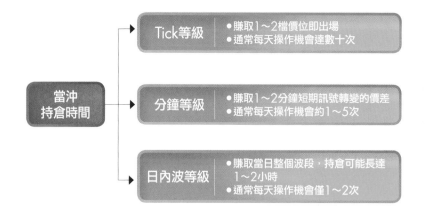

操作機會只有1～2次，算是當沖裡買賣速度比較慢的一種（詳見圖2）。如果是從當沖的操作策略來區分的話，通常可以分為4大類，而且各類的持倉時間也不太一樣（詳見圖3）：

第1類是以最佳5檔為依據，觀察盤中最佳5檔的變化，猜測主力要拉抬或下殺，以決定進出方向。通常這類操作策略的目的是賺取盤中1～2檔的價差，持倉時間屬於tick等級；第2類是用大盤或個股的技術指標決定進出點，當沖客在盤中會盯著各種指標的變化，一旦指標出現多頭（或空頭）訊號時，就馬上進場（或出場）。

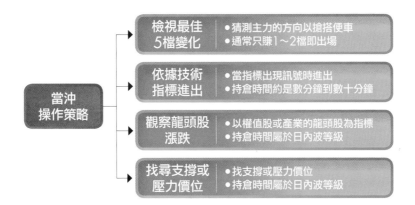

圖3　4種當沖策略各有不同操作依據
──依操作策略區分

當沖操作策略	
檢視最佳5檔變化	●猜測主力的方向以搶搭便車 ●通常只賺1～2檔即出場
依據技術指標進出	●當指標出現訊號時進出 ●持倉時間約是數分鐘到數十分鐘
觀察龍頭股漲跌	●以權值股或產業的龍頭股為指標 ●持倉時間屬於日內波等級
找尋支撐或壓力價位	●找支撐或壓力價位 ●持倉時間屬於日內波等級

通常這類操作策略可能會抱股數分鐘到數十分鐘，持倉時間屬於分鐘等級；第 3 類是以權值股或同產業龍頭股為指標，順勢操作。這類操作策略需要盯盤，而且有可能抱股數小時，持倉時間屬於日內波等級；第 4 類是從 K 線的技術線型找出支撐與壓力價位，目標是賺取股價向上突破或向下跌破的小波段。這類操作策略可能會抱股數小時，持倉時間也是屬於日內波等級。

　　進出的時間愈短，愈重視當沖客的反應速度。盤勢千變萬化，投資人必須有無數次的實戰經驗，才能練就一身好功夫。根據資深當

沖客的經驗,最少要實戰半年到一年的時間,而且得繳交不少的「學費」後,才有可能開始穩定獲利。因此,口袋不深的投資新手想進入當沖市場,最好先從持倉時間較長的日內波著手,而且要從最簡單的投資標的──現股當沖入門。

臉書社團「《股市》起漲點」版主詹大,自創了一套「樓層式當沖法」,非常適合當沖新手。「樓層式當沖法」所用的工具是股票,操作方法著重在盤前選股,並且事先計算出可能的壓力與支撐價位,一旦股價突破(或跌破)事先所設定好的價格,就進場(或賣出)。「樓層式當沖法」的持倉時間通常會久一點,偏向日內波等級的操作策略。

對於當沖新手來說,由於事先已經詳細規畫好進出的價格,因此盤中只需要觀察價格變化,不需要觀察其他的指標,也不需要額外的臨場應變,比較不容易受股價波動的影響而下錯單。雖然操作上比較沒有彈性,當天進出的機會(次數)相對 tick 等級來得少,但是,也因為可以進出的次數有限,所以操作相對簡單。

更重要的是,「樓層式當沖法」停損的機率也比較少,畢竟新手進入當沖市場,最重要的目標是「活下來」,因此,停損機率愈小,愈能保住資金,進而持續在市場上學習,等到累積足夠的經驗,盤

感也愈來愈好，再進階到更高段的當沖策略也不遲。

「樓層式當沖法」的心法是，從前一個交易日的熱門股中，挑出近期股價有較多「重複價位」的股票，接著從中找出 3 ～ 5 個「關鍵價位帶」，並且將 2 個關鍵價位帶間的價差視為「樓層」。一旦股價站上關鍵價位帶就等於站上樓層的地板，往上容易，往下困難，因此可以做多。

同樣的道理，當股價跌破關鍵價位帶時，這個關鍵價位帶就變成樓層的天花板，往下容易，往上困難，因此可以做空。當股價到了下一個樓層的關鍵價位帶，再觀察是否有支撐，若有支撐就獲利了結，若跌破就續抱。「樓層式當沖法」的實際操作步驟，請見以下的分析：

步驟1》算出最適合當沖的股價與獲利檔數

在各式當沖標的中，現股是最簡單的工具。不過，因為現股當沖的交易成本高，一旦股價升降單位太小，使得一買一賣的獲利還不夠支付交易成本的話就得不償失，所以投資人在進場前，一定要先了解買賣成本，再算出股價要跳幾檔才能開始獲利，以免賠錢還不自知。

（表1） 股票跳動單位，最小為0.01元、最大為5元
——現股升降單位

股價	升降單位
未滿 10 元	0.01 元
10 元～未滿 50 元	0.05 元
50 元～未滿 100 元	0.10 元
100 元～未滿 500 元	0.50 元
500 元～未滿 1,000 元	1.00 元
高於 1,000 元	5.00 元

資料來源：台灣證券交易所

　　另外，不同的股價也有不同的升降單位（詳見表 1），10 元、100 元、1,000 元的價位都不一樣。根據交易成本以及股價升降單位兩個變數，投資人可以計算出股價要跳幾檔才開始獲利。詹大以電子下單手續費打 6 折為例，來試算現股當沖的買賣成本（詳見圖 4）與獲利檔數：

股價 5 元》跳動 2 檔開始獲利

　　股價 5 元的股價，1 張是 5,000 元，跳動單位是 0.01 元。如果買進 1 張，跳動 1 檔 0.01 元，帳上波動就是 10 元。買進成本為 4.275 元（5,000 元 ×0.001425×0.6）、賣出成本為 11.775

圖4 現股當沖的交易成本包括手續費與交易稅
——現股當沖交易成本公式

| 現股當沖買進成本 | = | 買進股票總值 | × | 手續費率0.001425 | × | 折扣0.6 |

| 現股當沖賣出成本 | = | 賣出股價總值 | × | 手續費率0.001425 | × | 折扣0.6 | + |
| | | 賣出股價總值 | × | 交易稅率0.0015 |

元（5,000 元 ×0.001425×0.6 ＋ 5,000 元 ×0.0015），買賣成本共 16.05 元（4.275 元＋ 11.775 元），意思是股價 5 元的股票，必須跳動 2 檔（0.02 元），也就是 20 元，才能大於交易成本 16.05 元，也才會開始獲利。

股價 10 元》跳動 1 檔開始獲利

　　股價 10 元的股票，1 張是 1 萬元，跳動單位是 0.05 元。如果買進 1 張，跳動 1 檔 0.05 元，帳上波動就是 50 元。買進成本 8.55 元（1 萬元 ×0.001425×0.6）、賣出成本 23.55 元（1 萬元 ×0.001425×0.6 ＋ 1 萬元 ×0.0015），買賣成本共 32.1 元

（8.55 元＋23.55 元），意思是股價 10 元的股票，只需要跳動 1 檔（0.05 元），也就是 50 元，就可以大於交易成本 32.1 元，也才會開始獲利。

股價 100 元》跳動 1 檔開始獲利

股價 100 元的股票，1 張 10 萬元，跳動單位是 0.5 元。如果買進 1 張，跳動 1 檔 0.5 元，帳上波動就是 500 元。買進成本 85.5 元（10 萬元 ×0.001425×0.6）、賣出成本 235.5 元（10 萬元 ×0.001425×0.6 ＋ 10 萬元 ×0.0015），買賣成本共 321 元（85.5 元＋235.5 元），意思是股價 100 元的股票，只需要跳動 1 檔（0.5 元），也就是 500 元，就可以大於交易成本 321 元，也才會開始獲利。

由此可知，只要股價波動 1 檔就開始獲利，代表只要股票一波動，就有機會賺錢，當沖的勝算比較高，因此，投資人可以優先選擇跳動 1 檔就可以獲利的股票，作為現股當沖的標的。由於每位投資人的手續費折扣不同，因此進場前最好可以依據自己的手續費折扣試算當沖成本，以找出最適合當沖的股價（詳見表 2）。

不過，要特別說明的是，股票升降單位有 6 個級距，但是手續費跟交易稅卻是依照實際的股價收取。由於表 2 只是取整數，因此並

表2 10元～15元股票僅需跳動1檔就能獲利
——各區間現股當沖獲利檔位

股價	損益兩平價（元）	交易成本（元）	最小跳動單位（元）	獲利檔次（檔）
5	5.02	0.01605	0.01	2
10	10.04	0.03210	0.05	1
15	15.05	0.04815	0.05	1
20	20.07	0.06420	0.05	2
25	25.09	0.08025	0.05	2
30	30.10	0.09630	0.05	2
40	40.13	0.12840	0.05	3
45	45.15	0.14445	0.05	3
50	50.17	0.16050	0.10	2
60	60.20	0.19260	0.10	2
70	70.23	0.22470	0.10	3
80	80.26	0.25680	0.10	3
90	90.29	0.28890	0.10	3
100	100.33	0.32100	0.50	1
150	150.49	0.48150	0.50	1
200	200.65	0.64200	0.50	2
300	300.97	0.96300	0.50	2
400	401.29	1.28400	0.50	3
500	501.61	1.60500	1.00	2
1,000	1003.21	3.21000	5.00	1
2,000	2006.42	6.42000	5.00	2
3,000	3009.63	9.63000	5.00	2

資料來源：詹　大

沒有每個價位都逐一計算手續費與交易稅，例如：雖然 150 元只需要跳動 1 檔就獲利，200 元要跳動 2 檔才獲利，但是，股價 170 元以上，依照手續費 6 折計算，就得需要跳動 2 檔才獲利，因此，投資人要特別注意，表 2 是整數價格的可獲利檔位，投資人可以依照自己的狀況擴充。

步驟2》從熱門排行榜中挑選隔天當沖候選股

知道自己適合操作的股票價位後，接下來就要挑選隔天開盤要當沖的候選股。從前面的計算過程中可以知道，當沖想要獲利，股價一定要有波動，因此，投資人可以從每天成交的熱門股排行榜中找尋可能的名單（詳見圖解教學）。

證交所每天都提供成交量前 20 大的排行、櫃買中心則有成交量與成交值的排行，如果這些排行中都找不到適合的股票，投資人也可以從券商所提供的免費軟體中，在創新高（或創新低）的名單中找尋隔天可以當沖的候選股。通常愈多投資人成交、成交速度愈快，代表隔天波動的機會也愈大。

詹大每天收盤後，會找時間從成交量排行榜、成交值（金額）排行榜或創新高、創新低排行榜中，挑選出隔天當沖的候選股。由於

當沖需要時時專注於股價變化，因此詹大每天通常只會挑 1 ～ 2 檔股票，作為口袋名單，盤中只需要盯著這 2 檔變化。而當沖新手可以只挑 1 檔股票專心操作，熟悉之後再增加標的。而投資人想挑選勝率高的當沖標的，必須具備以下 4 個原則：

原則 1》股價有波動

　　當沖交易就是要有波動，有波動才有機會獲利。如果股價是穩穩向上或緩緩向下，甚至是平平的一條線，通常市場稱這種股票為「大牛股」。股性太「牛」的股票不適合當沖，因為波動小，所以不容易等到足夠的獲利空間。

原則 2》優先找跳動 1 檔就獲利的股價區間

　　當沖新手可以找股價 10 元～ 15 元，以及股價 100 元～ 150 元的個股，因為這些價位區間的股票，只要跳動 1 檔就能獲利，風險比較小，獲利機率高很多。雖然股價 1,000 元的股票也是跳動 1 檔就能獲利，但是，如果走勢不如預期而需要停損時，損失的金額會比較大，建議新手可以先從中低價位的個股開始。而股價 10 元～ 15 元的股票，通常是每股純益（EPS）比較低的公司。

原則 3》找近期的強勢股

　　強勢股代表是近期人氣聚集的標的，比較有攻擊的機會，因此股

圖5 開、收、高、低4個價位是構成K棒的關鍵價格
——K線的4個價位

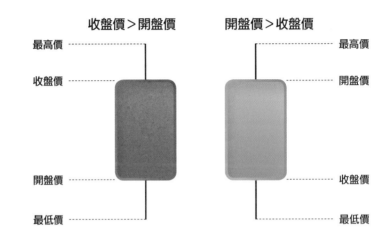

價有機會創新高，投資人也可以找弱勢股，因為股價有機會再創新低。不過，操作強勢股時要特別注意，最好要有量能，才有波動與成交的機會。量能最好是大於 3,000 張，代表隨時都有機會進出，當沖掛單時也比較好買或好賣。

原則 4》重複價位頻繁的股票

投資人挑選股票時可以將每檔股票的 K 線圖打開，觀察波動與走勢，更重要的是，檢視股票是否有較多重複價位。股價每天最重要

圖6 從OTC熱門股中，挑選隔天當沖的候選名單
——以2018.11.16個股成交值排行為例

排　行 ▲	股票代號	股票名稱	成交值(仟元)
1	6488	環球晶	5,372,127
2	6173	信昌電陶	1,656,928
3	6182		1,594,312
4	5483		1,016,065
5	3324	雙鴻科技	1,004,917
6	3105	穩懋	868,456
7	3563	牧德科技	785,129
8	6462	神盾	777,431

成交值排行中只有穩懋與神盾的股價在100元～150元之間

資料來源：證券櫃檯買賣中心

的4個價位分別是：開盤價、收盤價、最低價、最高價（詳見圖5）。如果某檔股票近期每天的4個價位重複出現，就容易形成股價的支撐與壓力。當沖的原則就是，站上支撐價就做多，跨不過壓力價就出場；反之，亦然。不過，如果股價直上直下，一路不回頭，因為重複價位少，所以比較難抓出支撐與壓力。

以2018年11月19日，詹大當沖指紋辨識IC廠神盾（6462）為例。由於前一個交易日是11月16日，觀察櫃買中心的成交值

排行榜上，只有神盾與穩懋（3105）2檔股票的股價在100元～150元之間，符合跳動1檔就獲利的條件（詳見圖6）。另外，打開個股的K線圖後可以發現，近期神盾的重複價位，比起穩懋還要多，因此，詹大就選擇神盾作為2018年11月19日當沖的候選名單。

步驟3》從開收高低4價位，找個股關鍵價位帶

找到候選標的後，就要找出隔天當沖時所需要觀察的支撐價與壓力價，而找出關鍵價位帶的方法是，檢視候選股的日K線，檢視當天K線的開盤價、收盤價、最高價、最低價，並且觀察近幾個月的價位，有沒有哪幾天日K線的相同價格一再出現，如果出現的重複價位愈多，愈容易是隔天股票漲跌的支撐價或壓力價。

詹大的習慣是至少找出3個關鍵價位帶，作為隔天操作的藍圖。以股價100元與150元的股票為例，前者隔天漲停（或跌停）有10元的空間；後者隔天漲停（或跌停）有15元的空間，因此，所找出的3個關鍵價位帶之間的距離不能太近也不能太遠，至少要有2元～3元以上的價差，也就是跳動4檔～6檔的空間，才有獲利的空間，因此，如果畫出來的重複價位過於接近時（例如：100元與100.5元），詹大會視為同一個關鍵價位帶。

假設計算出的關鍵價位帶是 100 元、103 元與 106 元（為了理解方便，因此簡化為整數）3 個，隔日股價很有可能在這些價位間走動。這 3 個關鍵價位帶中間的價差就如同一個個的樓層，是當沖獲利的空間。

開盤後，如果股價由 99 元向上站穩 100 元，100 元就成為支撐，股價不容易再往下，而且還有機會再向上走，持續來到第 2 個關鍵價位帶 103 元，如果股價過不去，就要賣出，如果帶量站穩 103 元，103 元就成為支撐，股價就可以續抱。

以神盾為例，在 2018 年 11 月 19 日開盤前，也就是 11 月 16 日收盤後，詹大會檢查 4 個價位，分別是開盤價 126 元，最高價 126.5 元，最低價 122 元，收盤價 125.5 元。以 11 月 16 日開盤價 126 元來說，往日 K 線的左邊畫過去，可以發現 9 月 11 日當天的開盤價也是 126 元，表示已經有一個重複價位出現了。接著，11 月 16 日的收盤價為 125.5 元，與當天的最高價 126.5 元、開盤價 126 元太過接近，因此，詹大會將 125.5 元、126 元與 126.5 元視為同一個關鍵價位帶。

再者，11 月 16 日的最低價為 122 元，往日 K 線的左邊畫過去，可以發現 11 月 15 日的最高價也是 122 元、9 月 11 日的最

低價也是 122 元，代表已經有 3 個重複價位。詹大檢查 9 月 11 日的收盤價 122.5 元，9 月 12 日的最高價也是 122.5 元，與 11 月 16 日的最低價 122 元非常接近，因此，詹大會將 122 元與 122.5 元視為同一個關鍵價位帶。到目前為止，已經找出 2 個關鍵價位帶，分別是 125.5 元至 126.5 元，以及 122 元至 122.5 元。因為 11 月 16 日的收盤價、最高價與開盤價都太過接近，所以詹大只找出 2 個關鍵價位帶。

由於至少需要 3 個關鍵價位帶，而且詹大預期神盾隔天開高的機率非常高，因此他決定找出更高價的關鍵價位帶。詹大檢視與 11 月 16 日日 K 線最接近的 9 月 11 日日 K 線，發現當天最高價為 128.5 元，因此將它視為第 3 個關鍵價位帶。這 3 個關鍵價位帶畫在日 K 線上就如同 3 個樓層，站上看多，跌破看空（詳見圖 7）。

1 樓關鍵價位帶》122 元至 122.5 元

由於 122 元與 122.5 元屬於最低價，因此詹大視之為 1 樓的關鍵價位帶，做多時，股價要站上 122.5 元才視為正式站上；做空時，股價要跌破 122 元才算正式跌破。

2 樓關鍵價位帶》125.5 元至 126.5 元

125.5 元至 126.5 元可以視為 2 樓的關鍵價位帶；同樣的，股

圖7 3個關鍵價位帶成買賣依據，站上做多、跌破做空
—— 以神盾（6462）關鍵價位帶為例

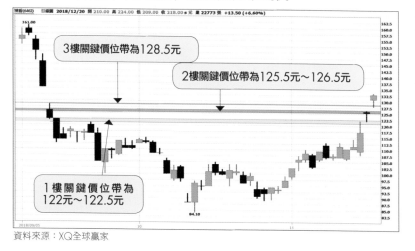

資料來源：XQ全球贏家

價要漲過 126.5 元，才算站上；股價要跌破 125.5 元，才算跌破。

3 樓關鍵價位帶》128.5 元

　　由於 128.5 元是最高價，因此詹大稱之為 3 樓的關鍵價位帶，一旦股價站上 128.5 元後，上面幾乎沒有壓力。不過，投資人要留意，在找尋關鍵價位帶時，盡量不要找太靠近漲停或跌停的價位，因為太靠近漲停或跌停，一來追漲或追跌的獲利空間已經不大、二來一旦方向錯誤，跌停或漲停不容易停損。

圖解教學　查詢熱門股名單

STEP 1

進入證交所首頁（http://www.twse.com.tw/zh），點選上方❶「交易資訊」→❷「盤後資訊」→❸「每日成交量前二十名證券」。

STEP 2

進入下個頁面後，系統會列出❶當天成交量前20名的標的。但是，投資人也可以輸入❷想查詢的日期，再按下❸「查詢」，查看別天的資訊。

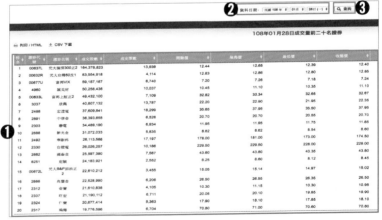

資料來源：台灣證券交易所

檢視個股關鍵價位帶掌握進出時機

開盤前我們已經從前一個交易日的熱門股排行中,挖掘出適合當沖的口袋名單,並且打開個股的日線圖,選擇一檔近期有多個「重複價位」的股票,同時還計算出 3 個「關鍵價位帶」,接下來,就是等著開盤,觀察股價會在哪些關鍵價位帶之間波動。

做多》觀察股價變化,找出當沖無壓力獲利區

臉書社團「《股市》起漲點」版主詹大自創的「樓層式當沖法」,其精神是觀察股價是否站上關鍵價位帶,如果站上就成為支撐,如果更高的價位還有其他的關鍵價位帶,它就很可能是下一波漲勢的壓力。當沖投資人要確定股價站上支撐後再買進,才能賺取 2 個關鍵價位帶之間的一小段無壓力獲利區。

而關鍵價位帶可以當成當沖進出的依據,以便了解股價再向上或

圖1 股價站上關鍵價位帶後，將形成強烈支撐
—— 樓層式當沖法解析1

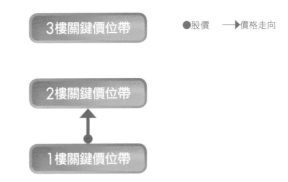

再向下的空間，以及到底是要買進或賣出。至於「樓層式當沖法」詳細的操作方式，請詳見以下分析：

狀況1》開盤後股價在關鍵價位帶之間波動

當股價成功站上1樓關鍵價位帶時，代表該價位區間將是短期的支撐價，不容易跌破（詳見圖1），因此可以買進；接著，就將2樓關鍵價位帶視為觀察重點，密切檢視是否有大單賣出，或價格一直漲不上去。投資人一旦發現價格明顯遇到壓力，就應該馬上賣出。如果股價遇到2樓關鍵價位帶時，還一路飆漲上去，就應該繼續持有，並且觀察3樓關鍵價位帶是否出現壓力，例如：價格一直漲不

圖2 若股價在關鍵價位帶遇到壓力，就應該果斷出場
——樓層式當沖法解析2

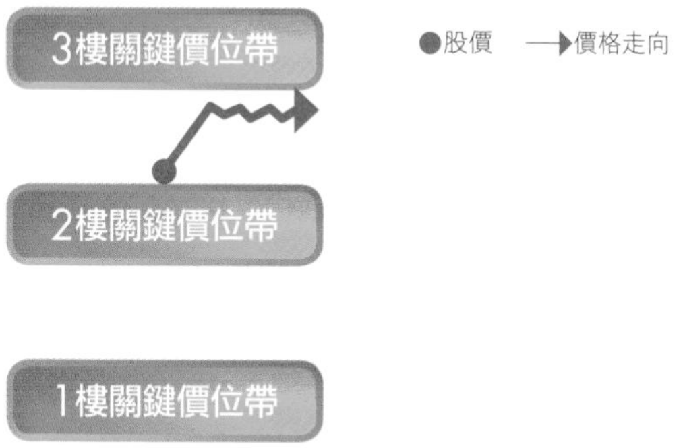

3樓關鍵價位帶

●股價　　→價格走向

2樓關鍵價位帶

1樓關鍵價位帶

上去或反向下滑等，代表 3 樓關鍵價位帶已經是股價上漲的壓力區，投資人應該馬上賣出。

另外一種發展是，開盤後，如果股價直接站上 2 樓關鍵價位帶，投資人就可以買進，並且觀察股價變動的方向，一旦股價漲至 3 樓關鍵價位帶附近，投資人就應該開始留意成交價格是否停滯不漲，甚至有大單賣出，如果有，就得快速出場（詳見圖 2）。

狀況 2》開盤後股價跳空超過最高關鍵價位帶

狀況 1 是開盤後股價開在 3 個關鍵價位帶之間，因此，投資人只

要觀察股價是否站上關鍵價位帶，如果站上就可以買進。但是，如果一開盤股價就開在最高價的關鍵價位帶之上應該怎麼辦呢？

假如一開盤股價就開在 3 樓關鍵價位帶以上，而且股價還繼續向上，距離 3 樓關鍵價位帶愈來愈遠。一旦遇到這種情況，投資人千萬不要見獵心喜，因為該檔股票雖然屬於強勢股，有可能直奔漲停，但是也很有可能忽然反轉向下，如果投資人貿然進場，很有可能會買在最高點。

如果開盤後股價一路上漲，已經遠遠超過投資人事先規畫的關鍵價位帶，此時對當沖新手來說，就失去了參考的價位，何時該買進、何時該賣出，完全需要仰賴「盤感」，建議當沖新手最好直接放棄，畢竟對初學者來說，少賺總比賠錢好（詳見圖 3）。不過，假如股價一開盤雖然開在 3 樓關鍵價位帶以上，但是盤中逐漸向下，並且回到預先設定好的關鍵價位帶之間，只要不再往下，而且關鍵價位帶的價格又持續成交，甚至反轉向上，代表這個關鍵價位帶具有支撐力道，投資人即可以買進。

另外，如果股價只跌回 3 樓關鍵價位帶，而且有支撐就可以買進。買進後，因為再往上就沒有關鍵價位帶可以參考，所以此時賣出的價位可以設定 2 元或 5 元（依據不同價位或型態而有所差異，愈高

圖3 **股價開高躍過3樓關鍵價位帶，最好觀望勿躁進**
——樓層式當沖法解析3

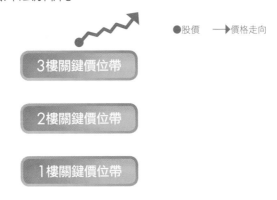

●股價　——→價格走向

3樓關鍵價位帶

2樓關鍵價位帶

1樓關鍵價位帶

價或愈強勢的股票，訂定的價位可以愈高）的獲利滿足點，預先掛單準備出場，千萬不要貪心。

狀況 3》開盤後不久股價跌破 1 樓關鍵價位帶

　　開盤後，當股價站上 1 樓關鍵價位帶，但是接下來並沒有如預期漲到下一個關鍵價位帶，甚至還向下跌破，投資人就要停損出場（詳見圖 4）。因為一旦股價跌破關鍵價位帶，原先的支撐將會變成（短期）壓力，使得股價不容易再次上漲。

狀況 4》開盤後股價一直沒有漲破關鍵價位帶

圖4 一旦股價跌破關鍵價位帶，支撐就會變成壓力
——樓層式當沖法解析4

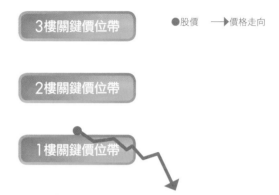

如果股價一開盤即站上 1 樓關鍵價位帶，但是，之後一直沒有上漲到下一個關鍵價位帶，也沒有跌破買進時的關鍵價位帶，即無法停利，也不需要停損（詳見圖 5）。一旦遇到這種狀況，投資人就可以選擇留倉，觀察隔天股價的變化，到底是向上或向下。由於當天股價波動太小，因此不會改變關鍵價位帶，就不需要重新計算。

做空》股價跌破關鍵價位帶，可伺機布局空單

「樓層式當沖法」可以做多，也可以做空。當股價跌破關鍵價位帶時，代表該關鍵價位帶已經不再是支撐，反而成為壓力，投資人

圖5 買進後股價陷入盤整，投資人可以考慮留倉
——樓層式當沖法解析5

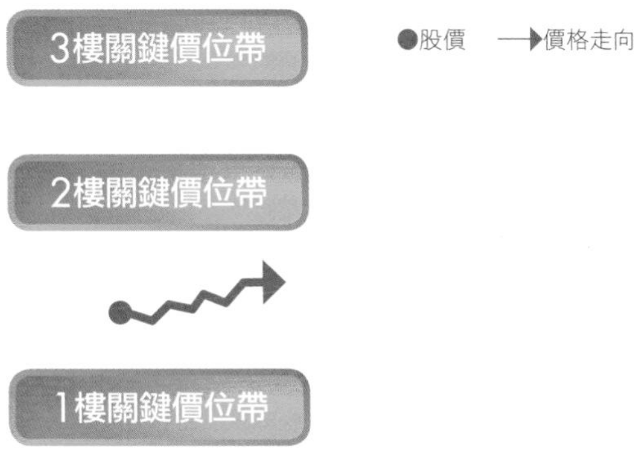

3樓關鍵價位帶

2樓關鍵價位帶

1樓關鍵價位帶

● 股價　—→ 價格走向

就可以反過來布局空單。舉例來說，開盤後，股價先是站上2樓關鍵價位帶，沒多久又跌破，代表2樓關鍵價位帶從支撐轉為壓力，這個時候，投資人就可以做空，將1樓關鍵價位帶視為支撐，在1樓關鍵價位帶附近觀察股價是否不再續跌，如果跌勢停止即出場。其他做空的方法與原則，其實與做多相同，投資人可以參考上面做多的狀況，反過來操作。

延伸學習

從成交明細變化，留意個股大單警訊

當股價接近關鍵價位帶時，投資人可以從成交明細的變化來觀察是否會遇到壓力。假設股價原先一直往上，但是來到關鍵價位帶時，價格難以突破，反而一直持續在關鍵價位帶成交，投資人就要留意，一旦發現有大單以內盤價成交，而且成交量放大，價格就容易下跌。

至於大單的定義，因為每檔股票不同，就算是同一檔股票，每天的標準也不相同，所以沒有絕對的數值，投資人可以跟前後的成交明細比較，而觀察重點有：1.盤中的成交明細只要比前面的單量明顯增加，即屬於大單；2.如果價格同時往下，就是要停利或停損出場的時機。

但是，檢視成交明細時要去掉開盤後的第一盤與最後一盤，因為第一盤的交易量一定比較多，而收盤前的最後一盤，是最後5分鐘集中撮合，因此在13：30時，交易量一定也是最大。

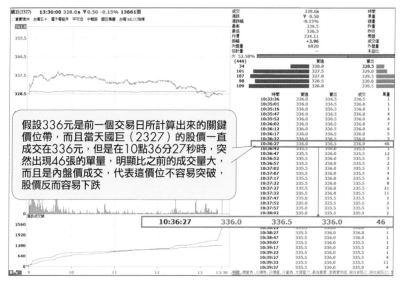

假設336元是前一個交易日所計算出來的關鍵價位帶，而且當天國巨（2327）的股價一直成交在336元，但是在10點36分27秒時，突然出現46張的單量，明顯比之前的成交量大，而且是內盤價成交，代表這價位不容易突破，股價反而容易下跌

資料來源：XQ全球贏家

基礎當沖實戰演練》
做多聚陽、智易

最適合當沖新手的「樓層式當沖法」，是個著重盤前規畫的當沖策略，投資人先從前一個交易日的熱門股排行榜中，找出適合當沖的價位（最好以 100 元至 150 元為優選，因為只要跳動 1 檔就開始獲利，而且交易量通常比 10 元至 15 元的股票大），接著再打開個股的日 K 線圖，挑出近期股價有較多「重複價位」的股票，並且從中找出 3 個「關鍵價位帶」。

相對於盤前得做比較多的功課，盤中買賣就簡單多了，只需要留意股價是否有站上關鍵價位帶，一旦站上，該關鍵價位帶就成為支撐，容易往上，不容易往下，因此可以做多，等到股價漲到下一個關鍵價位帶時，如果遇到壓力就出場。

「樓層式當沖法」可以做多，也可以做空，因為當股價跌破關鍵價位帶時，該關鍵價位帶就變成樓層的天花板（壓力），股價容易

向下，不容易向上。而本篇將用兩個實際案例，帶領投資人拆解「樓層式當沖法」的精髓：

做多案例1》聚陽（1477）

以下將以實際例子，教導讀者去哪裡找熱門排行榜、如何從排行榜上挑選股票，而標的股又該如何計算關鍵價位帶，帶你一步步體驗這套適合當沖新手的「樓層式當沖法」。

盤前》從熱門排行中找當沖標的，但要避開牛皮股

首先，在每天開盤前，投資人可以透過券商或免費網站查詢各類熱門股的排行榜，並且從中挑選出合適的當沖標的。以 2019 年 1 月 14 日盤後為例，先登入 Goodinfo! 台灣股市資訊網，再點選左列的「成交張數」，進入下一個頁面後，再點選「成交金額」旁邊的下拉式選單，將排序方式改成「由高→低」。

進入下一個頁面後，畫面會顯示出「成交金額」的熱門排行，但是投資人一定要再一次點選表格上方的「成交額（百萬）」，系統才會依照成交金額排序。在成交金額的排行榜中，首先要看的是有哪些股票的股價在 100 元至 150 元（最好排除 ETF（指數股票型基金）這種被動式的投資標的，因為 ETF 的波動通常比較小），因

圖1 **若個股陷入盤整可留倉，再觀察隔天股價表現**
——樓層式當沖法精髓

盤　前	●從前一個交易日的熱門排行榜中找出適合當沖價位的股票 ●打開個股的日K線圖，再篩選出近期開盤價、收盤價、最高價、最低價等4個價位重複價位較多的標的 ●計算出3個關鍵價位帶
盤中買進	●股價站上關鍵價位帶→做多 ●股價跌破關鍵價位帶→做空
盤中賣出	●漲至上面的關鍵價位帶，即留意是否有壓力，若有即可出場 ●跌破進場的關鍵價位帶就停損 ●若未漲過，也未跌即留倉

為這個價位的股票只要跳動 1 檔就可以獲利，而當天只有台達電（2308）符合。但是，因為台達電的股性比較「牛皮」（意指股價波動比較不明顯），對當沖不利，所以我們退而求其次，將條件放寬到符合 150 元至 200 元的股票。我們可以看到指紋辨識 IC 廠神盾（6462）與紡織股聚陽（1477）都是接近 200 元的標的。

接著，打開神盾與聚陽兩檔標的的日 K 線圖，比較兩者的股價走勢，看看哪檔標的的「重複價位」比較多。由於這兩檔股票近期都有眾多的「重複價位」，因此可以說是旗鼓相當。

　　不過，因為神盾的股價是由高檔向下修正，型態上偏向空頭，而聚陽則是從低檔反彈，型態上比較有利，因此，如果是喜歡做多的當沖新手，可以挑選聚陽這檔股票（詳見圖2）。

盤中買進》計算個股關鍵價位帶，當作進場依據

　　由於我們要規畫的是隔天（2019.01.15）開盤後可能的價位，而現股每天的漲跌幅有10%的限制，因此，太高或太低的價位可以先行排除。2019年1月14日，聚陽的4個關鍵價位分別是：開盤價179.5元、最高價188.5元、最低價179.5元，以及收盤價188元。

　　從當天收盤價188元向左畫一直線可以發現，近期股價中都沒有超越這個標準，而且收盤價188元與最高價188.5元的價位接近，因此可以視為同一個關鍵價位帶。

　　接著我們要觀察幾個價位較為接近的價格：2018年11月21日最高價183元、收盤價182.5元；11月22日開盤價182元、最高價184.5元、收盤價182元；11月23日最高價182.5元、11月26日最高價184元、收盤價183.5元；11月27日開盤價184.5元、最高價184.5元、收盤價183元；11月28日開盤價183元、最高價184元。

圖2 觀察個股股價與近期走勢，挑選強勢標的做多
——以2019.01.14盤後資訊為例

排名	代號	名稱	市場	股價日期	成交	漲跌價	漲跌幅	成交張數	成交額(百萬)▼	昨收	開盤	最高	最低	振幅(%)	PER	PBR	一個月走勢圖	三個月走勢圖	半年走勢圖
18	3037	欣興	市	01/14	21.05	-0.15	-0.71	45,604	954	21.2	21.05	21.45	20.6	4.01	17.8	0.75			
8	2308	台達電	市	01/14	142	0	0	6,557	929	142	142.5	143.5	140	2.46	21.8	2.99			
23	4927	泰鼎-KY	市	01/14	38.2	+3.4	+9.77	24,084	882	34.8	34.95	38.2	34.95	9.34	10.7	1.12			
106	3338	泰碩	市	01/14	37.15	+1.05	+2.91	23,505	878	36.1	37.5	38.5	36.3	6.09	48.9	2.42			
10	3105	穩懋	櫃	01/14	124	+1	+0.81	6,946	867	123	124.5	126.5	123	2.85	14.2	2.11			
13	3406	玉晶光	市	01/14	197	+3	+1.55	4,388	860	194	193	199	192	3.61	16	2.62			
25	5269	祥碩	市	01/14										6.92	42.6	16			
41	2345	智邦	市	01/14										1.94	21	6.18			
138	2371	大同	市	01/14										7.05		2.24			
26	2498	宏達電	市	01/14	33.6	0	0	22,106		33.6	34	34.8	33.6	3.57	4.16	0.55			
156	1477	聚陽	市	01/14	188	+8.5	+4.74	4,036	748	179.5	179.5	188.5	179.5	5.01	28.2	4.73			
54	00677U	富邦VIX	市	01/14	7.81	-0.09	-1.14	94,207	731	7.9	7.7	7.84	7.68	2.03	0				

> 從眾多的熱門股中發現，聚陽的股價介於150元～200元，而且型態屬於低檔反彈的創高股

資料來源：Goodinfo!台灣股市資訊網

　　另外，2019 年 1 月 7 日最高價 182.5 元、收盤價 182.5元；1 月 11 日最高價 183.5 元。因此，我們可以將 182.5 元至184.5 元視為另外一個關鍵價位帶。

　　由於聚陽 2019 年 1 月 14 日的股價是收在近期的最高價，隔天續創新高的機會很大，但是近期的「重複價位」已經沒有向上的參考價位，因此，我們無法找出第 3 個關鍵價位帶，只能找出 2 個關鍵價位帶：1 樓關鍵價位帶為 182.5 元至 184.5 元、2 樓關鍵價

圖3 一旦盤勢波動小，頂多可找到2個關鍵價位帶
——以聚陽（1477）為例

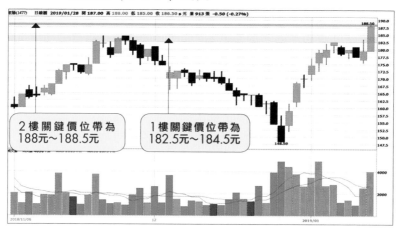

2樓關鍵價位帶為
188元～188.5元

1樓關鍵價位帶為
182.5元～184.5元

資料來源：XQ全球贏家

位帶為 188 元至 188.5 元（詳見圖 3）。在波動比較大的盤勢中，比較容易找出多個關鍵價位帶。

盤中賣出》達到預設停利幅度即出場

2019 年 1 月 15 日，聚陽一開盤股價就跳空來到 188 元（屬於 2 樓關鍵價位帶）。由於股價並沒有開太高，而且走高即使拉回，也沒有跌破 188.5 元就再度上漲，因此，可以判斷當日股價在 188 元至 188.5 元這個「關鍵價位帶」有支撐，可以買進，買進

圖4 **開盤後不久當沖標的直奔停利點，因此獲利出場**
——以聚陽（1477）2019.01.15走勢為例

資料來源：XQ全球贏家

價成交在 189 元。

　　因為再往上已經沒有更高的「關鍵價位帶」，所以投資人可以預先設定停利點。由於聚陽已經是接近 200 元的高價股，而且技術線型是屬於創新高的型態，因此，我們設定 5 元為當沖獲利金額，同時預掛單 194 元賣出。10 分鐘之內股價就達標（詳見圖 4）。

　　最後計算總獲利，買進聚陽 5 張共 94 萬 5,000 元，一共獲利

2萬5,000元，如果以5折計算手續費，買進手續費為673元、賣出手續費為691元，當沖交易稅為1,455元，實際獲利為2萬2,181元，報酬率為2.35%。

做多案例2》智易（3596）

當沖客都希望可以天天賺錢，不過，盤前在熱門排行榜中挑選股票，未必每天都能找到100分的好標的，有時熱門排行榜上都是極低價或極高價的股票，根本找不到股價剛好在100元至150元的標的；有時雖然有100元至150元的標的，但是最近股價沒有重複價位或重複價位不多。在這種情況下，要如何找出關鍵價位帶呢？買進後留倉到隔天還達不到賣出價格時又該怎麼處理呢？

盤前》選擇當沖標的時，可參考當下市場主流題材

我們用2019年1月22日的實例為例，當天依照平日的方式找尋熱門排行榜，從成交金額的排行中，可以看到當天成交金額的排行中，雖然看到股價在100元～150元的股票有穩懋（3105），但是打開穩懋的日K線圖後發現，近期的重複價位並不多。

因此，我們放寬範圍，找尋到股價接近200元的貿聯-KY（3665），它是已經下跌一段的股票，走勢偏向空頭，不利做多，

而股價不到 100 元的智易（3596），是當下熱門的 5G 題材概念股，可是重複價位也不多。在穩懋與智易的條件都差不多的情況下，我們挑選當下比較具有話題性的智易。

盤中買進》若無重複價位，可從相近價位找關鍵價位帶

打開智易的日 K 線圖，發現股價是屬於左低右高的走勢。我們先來觀察智易最新一個交易日（2019.01.22）的 4 個關鍵價位，分別是開盤價 88 元、最高價 88.5 元、最低價 80.5 元、收盤價 80.5 元。

由於當天最低價與收盤價都是 80.5 元，因此我們先從 80.5 元這個價位往前搜尋，但是，歷史股價中沒有任何一個價位是完全一樣，此時該怎麼辦呢？其實，我們可以從最接近的價位開始找尋，而最接近的價位是 1 月 15 日的最高價 79.8 元，接著是 1 月 9 日的最高價 78.8 元，因此，可以將 78.8 元至 80.5 元視為同一個關鍵價位帶。

而 1 月 22 日最高價 88.5 元，往前搜尋，最接近的價格是 1 月 21 日的最高價與開盤價（88 元）、1 月 18 的最高價 88.3 元、1 月 17 日的最高價與開盤價（88.5 元），以及 1 月 18 日的最低價 85 元。因此，我們可以將 85 元至 88.5 元視為同一個關鍵價位帶

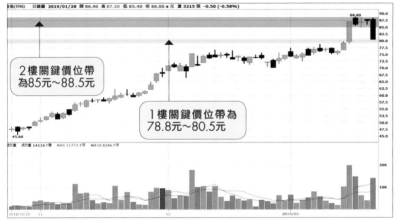

圖5 漲勢凶猛的強勢股,比較難找到3個關鍵價位帶
　　——以智易(3596)為例

資料來源:XQ全球贏家

（詳見圖 5）。不過,要小心的是,智易的股價不到 100 元,需要
跳動 3 檔才會開始獲利。因為 2019 年年初,許多股票都由低檔上
漲,所以熱門股排行中比較難以找出「重複價位」頻繁出現的股票,
智易頂多也只找出二個關鍵價位帶,分別是 1 樓關鍵價位帶（78.8
元至 80.5 元）與 2 樓關鍵價位帶（85 元至 88.5 元）。

盤中賣出》股價盤整時可留倉,但最多勿超過 3 天

　　智易 1 月 23 日開盤為 79.7 元,剛好是在 1 樓關鍵價位帶的區

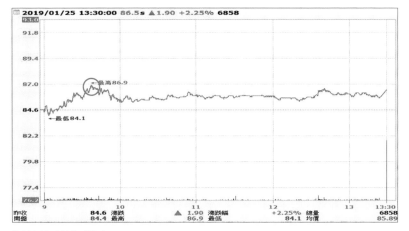

圖6　**一旦股價符合停利標準就應果斷出場勿硬拗**
──以智易（3596）2019.01.25走勢為例

資料來源：XQ全球贏家

間內，依照事先擬定好的當沖策略，一旦確定股價站上 1 樓關鍵價位帶，就要買進，因此，當股價漲破 80.5 元時就買進。不過，智易站上 1 樓關鍵價位帶後，當天最高價只來到 82.2 元，沒有繼續向 2 樓關鍵價位帶前進，但是也沒有跌破 1 樓關鍵價位帶，因此可以選擇留倉，看隔天變化再決定。

1 月 24 日，智易股價在收盤前仍然沒有上漲至 2 樓關鍵價位帶，但是，因為也沒有跌破 1 樓關鍵價位帶，所以繼續留倉。1 月 25 日，

開盤後沒多久，智易就上攻到當天最高價 86.9 元，而且終於上漲至 2 樓關鍵價位帶，因此停利出場（詳見圖 6）。

智易以 80.5 元買進，85.5 元出場，共買進 8 張，在手續費 5 折的情況下，買進手續費為 458 元、賣出手續費為 487 元，當沖稅為 1,026 元，扣掉交易成本 1,972 元，實際獲利為 3 萬 8,028 元，報酬率為 5.91%。

智易的情況是第 3 天剛好有漲上 2 樓關鍵價位帶，如果到了第 3 天（也就是留倉第 3 天）仍然沒有上漲到 2 樓關鍵價位帶，也沒有跌破 1 樓關鍵價位，雖然沒有達到出場條件，但是建議最好要出場，因為當沖是希望透過高週轉率來獲利，出場後可以空出資金，繼續操作下一個標的，如果放在同一檔標的太久，就失去當沖的意義了。

Chapter
3

活用操作技巧
多空都賺

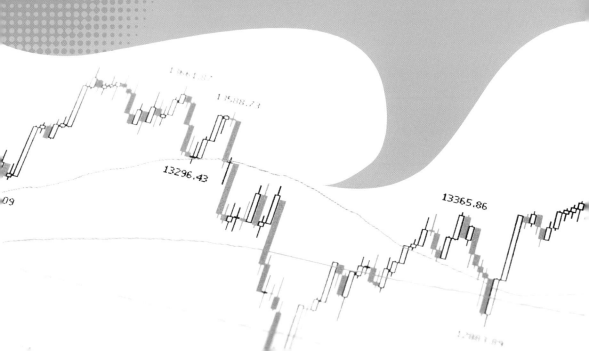

3-1 台指期當沖術盤前準備》 從法人動向判斷後市多空

　　台灣證券交易所股價指數期貨（簡稱「台指期」）基本上交易的是台股的大盤（台灣加權指數），投資人能把大盤想像成主人，而把台指期想像為狗，狗有時會跑到主人前面，有時則會落在後面，當狗跑到主人前面時，稱之為「正價差」，意味著台指期較加權指數來得更強；而當狗落在主人後面時，則稱為「逆價差」，意味著台指期較加權指數來得更弱。

　　但無論是正價差或逆價差，大體上台指期會跟著大盤連動（詳見圖1）。簡單來說，台指期當沖便是判斷大盤後市漲跌，進而賺取價差。以下介紹追籌碼投資達人麥克連常用的台指期當沖操作方法，供讀者參考。

　　由於台指期主要跟著台灣加權指數的方向做移動，因此想要在台指期中獲利，最大的關鍵，便是判斷台灣加權指數未來的走向，然

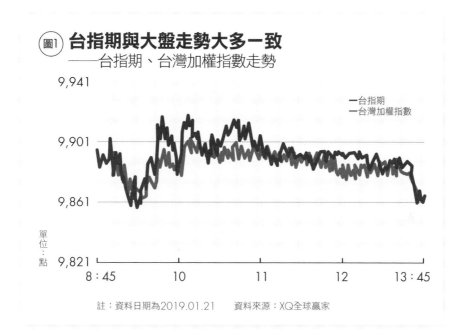

圖1 台指期與大盤走勢大多一致
——台指期、台灣加權指數走勢

9,941

——台指期
——台灣加權指數

9,901

9,861

單位：點

9,821

8：45　　　10　　　11　　　12　　　13：45

註：資料日期為2019.01.21　　資料來源：XQ全球贏家

而台灣加權指數的多空該如何判別呢？一般期貨投資人除了透過常見的技術分析外，有時候也可以觀察籌碼！

透過2指標，提前判斷整體盤勢多空

而相較於什麼資訊都沒有的海外期貨，台灣主管機關最大的德政，便是會每日更新法人在現貨市場的買賣超數據，以及法人和大額交易人在期貨和選擇權的進出資訊。透過這樣的資訊，我們在操作台

指期當沖之前，便能夠事先對大盤的多空方向產生方向感。

在每日收盤的時候，投資人可以觀察「3大法人現貨買賣超」、「3大法人期貨未平倉口數的數量」。透過這兩個指標，進而推敲3大法人對後市的看法，決定隔日要偏多還是偏空思考。觀察這幾個指標的要點，分別為「連續2至3日往同方向增減」、或是「2天內的數據有大幅變動」。當法人連續往同一個方向操作，大盤將容易出現波段走勢；若數據有大幅變動的時候，則可能代表法人對後市看法有變化，便要小心隔日走勢有反轉的可能性。

而3大法人中，由於外資布局較具連貫性，也比較容易看出與指數的相關性，因此本文將主要以外資的布局做解析。以2017年12月20日結算後的台指期舉例，雖然前4天外資多單的整體布局較剛結算時更少，但是2017年12月27日後，外資陸續加碼多單，並持續在現貨市場買超（詳見表1），隨後台灣加權指數在2018年1月8日一舉來到1萬915點關卡（詳見圖2），2018年1月17日結算則站上1萬1,004點關卡，可見外資強烈做多，對指數具有相當的拉抬效果。

另一個則是波段下跌的例子。在2018年6月20日結算後，外資連續4天減碼期貨多單，並持續賣超現貨（詳見表2），隨後台

(表1) 當外資持續加碼多單、買超現貨，代表偏多布局
——外資布局台指期狀況

日期	加權指數收盤價（點）	指數漲跌（％）	外資現貨買賣超（億元）	外資期貨未平倉（大台指＋小台指）（口數）	增減（口數）
2017.12.20（月結算日）	10,504.52	37.18	-0.74	46,045	－
2017.12.21	10,488.97	-15.55	-24.58	43,552	-2,493
2017.12.22	10,537.27	48.30	12.33	45,268	1,716
2017.12.25	10,522.49	-14.78	6.62	45,816	547
2017.12.26	10,421.91	-100.58	-25.19	43,292	-2,523
2017.12.27	10,486.67	67.76	**32.69**	49,251	**5,959**
2017.12.28	10,567.64	80.97	**65.02**	52,006	**2,755**
2017.12.29	10,642.86	-75.22	**65.61**	49,567	-2,439
2018.01.02	10,710.73	67.87	**86.48**	53,101	**3,534**
2018.01.03	10,801.57	90.84	**38.29**	51,933	-1,168
2018.01.04	10,848.63	47.06	**54.50**	53,029	**1,096**
2018.01.05	10,879.80	31.17	**34.80**	52,877	-153
2018.01.08	10,915.75	35.95	**50.10**	51,202	-1,675
2018.01.09	10,914.89	-0.86	-11.21	55,118	**3,916**
2018.01.10	10,831.09	-83.80	-32.21	55,578	**460**
2018.01.11	10,810.06	-21.03	-11.41	54,435	-1,142
2018.01.12	10,883.96	73.90	-1.81	57,004	2,568
2018.01.15	10,956.31	72.35	24.26	52,860	-4,143
2018.01.16	10,986.11	29.80	36.65	50,226	-2,634
2018.01.17（月結算日）	11,004.80	18.69	110.76	53,349	3,122

註：資料統計自 2017.12.20 ～ 2018.01.17

圖2 期貨、現貨偏多布局後，加權指數一路攀高
——台灣加權指數日線圖

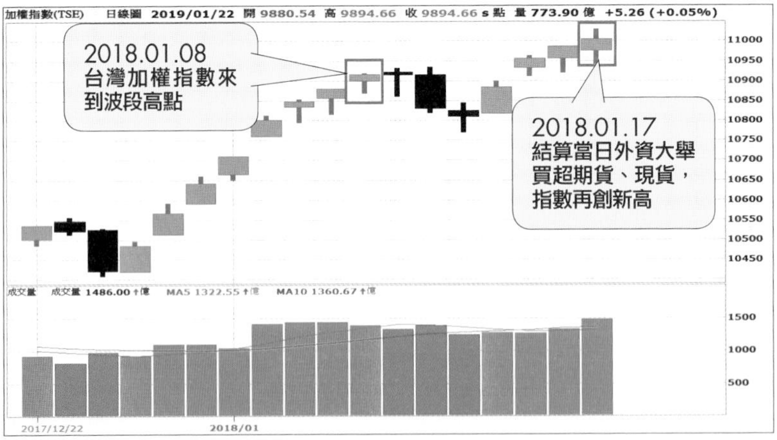
加權指數(TSE) 日線圖 2019/01/22 開 9880.54 高 9894.66 收 9894.66 s 點 量 773.90 億 +5.26 (+0.05%)
2018.01.08
台灣加權指數來到波段高點
2018.01.17
結算當日外資大舉買超期貨、現貨，指數再創新高
11000
10950
10900
10850
10800
10750
10700
10650
10600
10550
10500
10450
成交量 成交量 1486.00 億 MA5 1322.55 億 MA10 1360.67 億
1500
1000
500
2017/12/22
2018/01

註：資料統計自2017.12.22～2018.01.17　　資料來源：XQ全球贏家

灣加權指數自 2018 年 6 月 20 日的高點 1 萬 969 點，一路重挫至 2018 年 7 月 6 日最低點 1 萬 523 點（詳見圖 3），其中外資期貨未平倉數量在 2018 年 7 月 5 日來到最低口數 1 萬 8,532 口，與上月合約多在 3 萬口以上比較，明顯來得更少。

指標 1》台灣加權指數的 3 大法人買賣超

要觀察「3 大法人現貨買賣超」，可以利用台灣證券交易所每日下午 3 點公布的「3 大法人買賣金額統計表」（詳見圖解教學❶）。

(表2) **當外資持續減碼多單、賣超現貨，代表偏空布局**
──外資布局台指期狀況

日期	加權指數收盤價（點）	指數漲跌（%）	外資現貨買賣超（億元）	外資期貨未平倉（大台指＋小台指）（口數）	增減（口數）
2018.06.19	10,904.19	-183.28	**-213.56**	34,719	-6,695
2018.06.20（結算日）	10,927.44	23.25	**-76.93**	35,405	686
2018.06.21	10,941.07	13.63	**-90.70**	30,794	**-4,611**
2018.06.22	10,899.28	-41.79	**-99.28**	28,378	**-2,416**
2018.06.25	10,786.46	-112.82	**-88.77**	27,444	**-934**
2018.06.26	10,742.17	-44.29	**-61.89**	25,640	**-1,804**
2018.06.27	10,701.03	-41.14	**-122.19**	26,315	675
2018.06.28	10,654.28	-46.75	**-81.83**	23,758	-2,557
2018.06.29	10,836.91	182.63	21.57	30,212	6,454
2018.07.02	10,777.94	-58.97	-80.00	30,702	490
2018.07.03	10,715.72	-62.22	-82.29	26,961	-3,742
2018.07.04	10,721.87	6.15	18.37	25,688	-1,273
2018.07.05	10,611.81	-110.06	-60.28	18,532	-7,156
2018.07.06	10,608.57	-3.24	-39.86	21,675	3,143
2018.07.09	10,720.28	111.71	60.55	28,258	6,583
2018.07.10	10,756.89	36.61	22.76	30,941	2,683
2018.07.11	10,676.84	-80.05	-82.25	27,639	-3,302
2018.07.12	10,738.38	61.54	8.06	33,947	6,308
2018.07.13	10,864.54	126.16	15.35	33,713	-234
2018.07.16	10,817.45	-47.09	-38.07	33,637	-76
2018.07.17	10,778.99	38.46	12.74	31,171	-2,467
2018.07.18（結算日）	10,842.46	63.47	88.86	36,690	5,519

註：資料統計自 2018.06.19～2018.07.18

統計表中會公布自營商（自行買賣）、自營商（避險）、投信、外資及陸資（不含外資自營商）、外資自營商等 5 個單位。其中，又以外資及陸資和外資自營商的買賣差額加總最為重要，原因是外資每日在台灣股市中進出的額度遠超過自營商和投信，往往也是影響台灣加權指數漲跌的最大推手。

從該表格便可以觀察出法人今日的買賣超金額，而正常狀況下，法人綜合起來買超 1 億元，大盤差不多會上漲一點，因此當大盤大幅上漲、而法人卻未大幅買超的時候，便要留意有壓回的可能性；反之，當大盤大幅下跌，而法人並未大幅賣超時，便要留意可能只是短線的回檔。

指標 2》台指期的 3 大法人買賣超

除了 3 大法人在現貨的買賣超，我們可以從「台灣期貨交易所」的網站中，找出 3 大法人在期貨市場的進出數據（詳見圖解教學❷），進而看出法人對行情的多空看法。

一般來說，外資在期貨市場的布局，多半是以「月」為單位，因此，其買賣超較具參考價值，用來判斷後市會有較佳的準確度；自營商的布局整體來說則較為短暫，因此對後市較不具參考價值。至於投信的未平倉多半為偏空布局，主要是用作元大台灣 50 反 1ETF

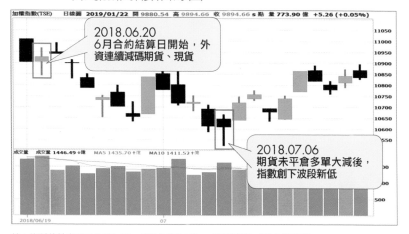

圖3 期貨偏空布局後，加權指數大幅下跌
——台灣加權指數日線圖

2018.06.20
6月合約結算日開始，外資連續減碼期貨、現貨

2018.07.06
期貨未平倉多單大減後，指數創下波段新低

註：資料統計自2018.06.19～2018.07.19　　資料來源：XQ全球贏家

（00632R）的避險。

　　由於4口小型台指期與1口大型台指期大小相當，因此先將小台指期貨未平倉數量除以4，再加上當日大台指期貨的未平倉數量加總（詳見圖4），便可以得出法人在台指期貨的總未平倉口數。

　　以外資在2019年1月21日的期貨布局為例，先將4,654口小型台指期貨未平倉除以4，可以得知外資在小台指期貨的布局相

當於 1,163.5 口大台指期貨，之後再與大台指期貨的未平倉數 5 萬 3,296 口加總，便可知道外資在 2019 年 1 月 21 日收盤當天總共持有 5 萬 4,459.5 口大台指期貨多單。

透過連續性地收集現貨和期貨的買賣超資訊，投資人便可以觀察出趨勢，擬定隔日台指期當沖操作要偏多還是偏空，進而提高自己當沖的勝率。

調整工具參數，設定RSI、KD值、MACD指標

老話一句，「工欲善其事，必先利其器」，在當沖開始之前，需要設定合適的技術指標。隨著台指期開放夜盤後，看盤軟體出現兩種台指期的 K 線圖，一個是包含夜盤線圖的「台指近全」，另一個則是僅有日盤線圖的「台指期」。以麥克連的做法，本文將選擇「台指近全」為例，以避免日盤開盤與前一日收盤價差別巨大，造成技術指標失去參考性。以下將介紹 3 大工具：

工具 1》1 分鐘 K 線圖和 5 分鐘 K 線圖

由於當沖是短線的操作模式，因此在 K 線圖的選擇上以短線的 1 分鐘 K 線圖和 5 分鐘 K 線圖為主。而同時觀察兩種 K 線圖，將可以更清楚了解到市場上不同類型投資人的想法。

圖4 4口小型台指期等同1口大型台指期
——法人台指期貨未平倉單總量計算公式

| 法人台指期貨 未平倉單 | = | 小台指期貨未平倉 / 4 | + | 大台指期貨 未平倉 |

工具 2 》4 條均線

無論是 1 分鐘 K 線圖還是 5 分鐘 K 線圖，都先設定 4 條移動平均線（Moving Average），參數分別設定為 5、10、21、55。不同參數代表的是不同數量的 K 棒收盤價平均，例如 5MA 代表的是最近 5 根 K 棒收盤價的平均，10MA 代表的則是最近 10 根 K 棒收盤價的平均。透過 5MA、10MA 兩條均線，可以更清楚判斷短期趨勢；21MA 和 55MA 均線，則可以觀察出中期的趨勢。

工具 3 》3 大技術指標

均線調整完後，接著要陸續設定 3 大技術指標，分別如下：

1.RSI（Relative Strength Index）：又稱為「相對強弱指標」，是一段時間內，股價漲幅平均值占漲幅平均值加跌幅平均值的比值，

範圍介於 0 ～ 100 之間。參數設定為 6 和 12，當 RSI 6 穿越 RSI 12 時為買進訊號；當 RSI 6 跌破 RSI 12 時為賣出訊號。

2.KD 值：又稱為「隨機指標」，是依據當時股價與最近某段時間的股價，計算出反應較快的快速指標 K 值和反應較慢的慢速指標 D 值，範圍介於 0 至 100 間，而當 K 值穿越 D 值時為買進訊號；K 值跌破 D 值時為賣出訊號。

3.MACD 指標：又稱為「指數平滑異同移動平均線」，原理為利用快速和慢速 2 條指數平滑移動平均線，算出兩者的差離值（DIF），再利用差離值形成指數平滑異同移動平均線（MACD）。當 DIF 減去 MACD 值為正數的時候，柱狀體（OSC）值將呈現紅色，負值時則為綠色。而紅色柱狀體持續增高時，代表多方走勢愈來愈強勁，當綠色柱狀體愈來愈低的時候，則代表空方勢力逐漸增強。另外，當 DIF 值和 MACD 值皆處於 0 軸以上時，代表股價仍處於多頭；反之則為空頭。

3 種指標套用在台指期當沖時，以 RSI 指標對價格變化最為敏感，KD 值次之，MACD 較為緩慢。可以透過對價格反應較快的指標，提前預測走勢，提早將部位進場。

圖解教學❶ 查詢台灣加權指數的3大法人買賣超金額

STEP 1

進入台灣證券交易所首頁（www.twse.com.tw/zh/）後，點進❶「交易資訊」項下的❷「3大法人」中的❸「3大法人買賣金額統計表」。

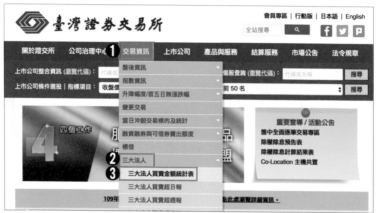

STEP 2

接著在❶「日報表」選擇欲查詢的日期（以民國108年1月21日為例），按下❷「查詢」後，即出現該日期報表。

108年01月21日 三大法人買賣金額統計表

單位：元

單位名稱	買進金額	賣出金額	買賣差額
自營商(自行買賣)	1,448,831,590	1,027,504,336	421,327,254
自營商(避險)	4,866,643,975	4,110,417,659	756,226,316
投信	1,503,282,950	2,667,419,627	-1,164,136,677
外資及陸資(不含外資自營商)	27,194,106,895	21,796,992,137	5,397,114,758
外資自營商	5,856,560	5,890,710	-34,150

資料來源：台灣證券交易所

圖解教學❷　查詢台指期的3大法人買賣超

STEP 1

進入台灣期貨交易所首頁（www.taifex.com.tw/cht/index），點選❶「交易資訊」項下的❷「3大法人」。

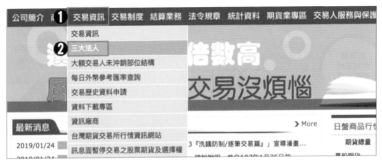

STEP 2

接著，在左側「交易資訊」邊欄中，點選❶「區分各期貨契約」，並選擇❷「依日期」，即可在右側區塊選擇❸欲查詢的日期（此以2019年1月21日為例），「契約」項目選擇❹「全部」後，即可按下❺「送出查詢」。

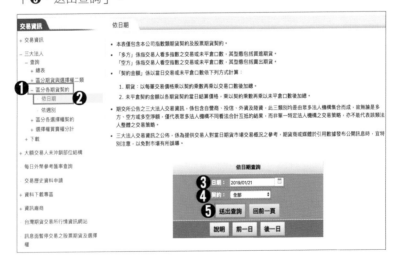

STEP 3
即可看出外資在2019年1月21日收盤後的期貨未平倉多空淨額，外資共持有❶5萬3,296口大台指期貨未平倉多單，以及❷4,654口小台指期貨未平倉多單。

期貨契約

單位：口數；千元(含鉅額交易，含印度50期貨，標的證券為國外成分證券ETFs或境外指數ETFs之交易量)　　日期2019/01/21

序號	商品名稱	身份別	交易口數與契約金額						未平倉餘額					
			多方		空方		多空淨額		多方		空方		多空淨額	
			口數	契約金額	口數	契約金額	口數	契約金額	口數	契約金額	口數	契約金額	口數	契約金額
1	臺股期貨	自營商	14,825	29,305,777	14,815	29,290,993	10	14,784	9,752	19,203,925	12,472	24,558,678	-2,720	-5,354,753
		投信	234	461,702	644	1,270,878	-410	-809,176	2,034	4,012,675	25,794	50,886,403	-23,760	-46,873,728
		外資	60,779	120,191,482	61,024	120,663,828	-245	-472,346	69,501	137,082,319	16,205	31,96❶	53,296	105,117,943
2	電子期貨	自營商	407	639,626	394	619,475	13	20,150	744	1,165,602	628	984,006	116	181,596
		投信	0	0	0	0	0	0	47	73,658	186	291,499	-139	-217,841
		外資	1,863	2,930,995	1,868	2,938,077	-5	-7,082	1,798	2,817,798	1,324	2,074,833	474	742,965
3	金融期貨	自營商	146	173,881	137	163,126	9	10,755	89	105,595	483	574,758	-394	-469,163
		投信	0	0	0	0	0	0	12	14,280	0	0	12	14,280
		外資	698	831,647	706	840,902	-8	-9,255	1,239	1,474,410	1,395	1,660,064	-156	-185,654
4	小型臺指期貨	自營商	13,247	6,545,736	14,382	7,103,273	-1,135	-557,537	10,108	4,965,701	5,308	2,606,927	4,800	2,358,774
		投信	0	0	0	0	0	0	83	40,936	0	0	83	40,936
		外資	44,035	21,764,995	40,602	20,068,937	3,433	1,696,058	4,882	2,407,656	228	11❷	4,654	2,295,339

資料來源：台灣期貨交易所

3-2 台指期當沖術盤中操作》 4步驟找出進出時機

台指期盤中千變萬化,每日平均近 70 點～ 100 點的振幅,讓投資人時常搞混多空方向,在投資策略不清楚的狀況下,常被盤勢震得七葷八素。雖然透過籌碼可事前知道法人較為偏多或是偏空思考,不過籌碼真正代表的是法人前一天對盤勢的看法,當日盤中仍然有可能更換多空的方向,有時甚至會與現貨或是選擇權做出搭配策略。

想操作當沖的投資人該如何因應呢?本文將以追籌碼投資達人麥克連的做法,提供盤中的操作 SOP(詳見圖 1)。

步驟1》觀察日韓股市及小道瓊期貨走勢

基本上,世界各國的主要股市,都有一定程度的相關性,多空頭氣氛容易互相影響。因此亞洲股市在開盤後的前 15 分鐘,很容易反映前一晚美國股市的走勢,若美股收盤上漲,則亞洲股市容易開

圖1 盤中當沖操作4步驟
──麥克連盤中當沖操作流程

步驟 1	觀察國際股市
	盤前1小時，先觀察日經指數、韓國股市、美國小道瓊期貨電子盤的走勢，作為台指期開盤走勢的參考。盤中除參考上述指數外，尚可留意富時中國A50指數、恒生等相關性較強的市場

步驟 2	觀察3大指標
	分別為：權值股強弱、電子期貨與金融期貨、摩根台指期貨

步驟 3	進場
	當1分鐘K線圖和5分鐘K線圖的KD值或RSI指標出現交叉時開始留意，待MACD柱狀體同步轉強或轉弱時進場

步驟 4	出場
	5分鐘KD值呈現向下死亡交叉時多單出場；5分鐘KD值呈現向上黃金交叉時空單出場

高；而若美股收盤下跌，則亞洲股市也容易開低。

　　根據這樣的特性，我們便可以提前觀察台灣時間 8 點開盤的日本股市和韓國股市，以及小道瓊指數期貨，作為台指期開盤走勢的參考。其中韓國因產業結構與台灣近似，連動性很多時候會比日本股市更強，更具參考意義。不過也提醒投資人，觀察國際股市時，以走勢方向為主，不要預設幅度，也要避免先入為主的觀念，適時調

整對盤勢的看法。

　　除了盤前參考上列的國際股市，事實上盤中各指數也會有互相牽引的情況，而各國際股市開盤時，台指期也容易出現上沖下洗，因此，盤中尚可以再留意富時中國 A50 指數、恒生等相關性較強的市場。表 1 便整理盤中各相關指數的開收盤時間供投資人參考。

步驟2》觀察3大指標表現

　　台指期主要跟著台灣加權指數連動，而台灣加權指數則是以上市股票之市值當作權數來計算股價指數，意味著上市股票中，市值愈大的股票，其漲跌對加權指數的影響力愈大。

指標 1》觀察權值股動態

　　若以權值股王台積電（2330）舉例，其市值約占台灣加權指數 20% 權值（截至 2018.12.31，詳見表 2），只要上漲 1 元，便能夠帶動台灣加權指數上漲約 10 點。

　　由於市值愈大的股票，對台灣加權指數影響力愈大，因此我們可以將這些權重較高的權值股放在一起做觀察，查詢當日該股票的 K 棒狀況，只要大部分個股都是紅色實體 K 棒（即收盤價＞開盤價），

表1　日、韓股市、小道瓊可作為台指期開盤走勢參考
——國際主要股市與期貨商品開收盤時間

	早場開盤	早場收盤	午場開盤	午場收盤
日經指數	08：00	10：30	11：30	14：00
韓國股市	08：00 開盤，14：30 收盤。一盤到底，中間無休息			
上證指數	09：30	11：30	13：00	15：00
恒生指數	09：30	12：00	13：00	15：00
新加坡 A50 指數期貨	09：00	隔日凌晨 04：45		
恒生指數期貨	09：15	隔日凌晨 01：00		
小道瓊指數期貨	06：00	隔日凌晨 05：00	冬令時間則開收盤，各往後延 1 個小時	

註：表中所列為台灣時間　　資料來源：各國股市

代表今日台灣加權指數走勢較強；而若大部分個股都是黑色／白色實體 K 棒（即開盤價＞收盤價，詳見圖 2），則代表盤勢較弱；若紅黑（白）參半，則意味著今日陷入盤整的可能性較高。

指標 2》觀察電子期、金融期、台指期的相對強弱

　　台灣股市中電子股占 7 成以上，而多數電子股占大盤的權重較高，因此電子股轉強時，常被投資人視為攻擊訊號。簡單來說，當電子股較金融股更強時，台灣加權指數通常走勢強勁；而金融股強於電子股時，盤勢容易淪為偏弱或是反彈。透過這樣的特性，我們可以

表2 **台積電市值占大盤比重逾20%**
　　——台股前20大權重個股

排行	證券名稱	市值占大盤比重（％）
1	台積電（2330）	20.20
2	台塑化（6505）	3.59
3	鴻　海（2317）	3.39
4	中華電（2412）	3.03
5	台　塑（1301）	2.22
6	台　化（1326）	2.13
7	南　亞（1303）	2.07
8	國泰金（2882）	2.04
9	富邦金（2881）	1.66
10	大立光（3008）	1.49
11	統　一（1216）	1.37
12	中信金（2891）	1.36
13	中　鋼（2002）	1.32
14	聯發科（2454）	1.26
15	台灣大（3045）	1.26
16	兆豐金（2886）	1.22
17	台達電（2308）	1.16
18	統一超（2912）	1.12
19	日月光投控（3711）	0.87
20	遠　傳（4904）	0.86

註：資料統計至 2018.12.31；投資人可至台灣期貨交易所網站（www.taifex.com.tw/cht/2/weightedPropertion）查詢，表格每月底都會更新一次
資料來源：台灣期貨交易所

圖2 從權值股K棒表現，觀察大盤強弱
—— 台股前20大權值股K棒圖

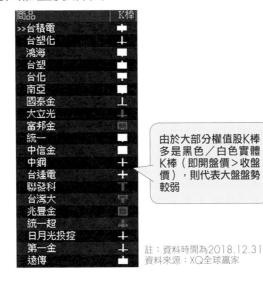

由於大部分權值股K棒多是黑色／白色實體K棒（即開盤價>收盤價），則代表大盤盤勢較弱

註：資料時間為2018.12.31
資料來源：XQ全球贏家

觀察電子期、金融期、台指期的相對強弱，判斷出台指期今日走勢。

以圖3為例，當電子期漲幅大於台指期，而台指期漲幅又大於金融期時，台指期當日果然大漲100點。圖4的案例則與圖3不同，早盤10點以前電子期走勢較強，帶動台指期一路上攻，隨後電子期貨開始轉弱，呈現金融期>台指期>電子期的模式，台指期一路修正回起漲點。

指標 3》觀察摩根台指期貨

除了電子期與金融期，摩根台指期貨（以下簡稱「摩台期」）與台指期之間也有相當特殊的關係。摩台期為新加坡掛牌的指數期貨商品，主要追蹤 MSCI 台灣指數，而該指數則取樣自台灣股市的89 檔個股（截至 2018.08）。由於該摩台期不在台灣期貨交易所掛牌，毋須每日公布籌碼，因此也成為外資隱藏多空方向部位的最佳商品。

目前摩台期每月的未平倉數量大約在 15 萬到 25 萬口之間，較台指期 7 萬到 10 萬口的未平倉數量來得更大，因此影響力更高，盤中摩台期也很容易領先台指期表態多空方向。以圖 5 舉例，摩台期開盤不久後，走勢便較台指期強，台指期隨後也一路走高。

步驟3》1分、5分鐘K線的MACD出現同步時進場

透過盤前觀察籌碼，盤中觀察摩台期、電子期、金融期，以及國際股市後，將可以大致了解今日的多空方向。若是較為偏多看待，則技術指標轉強的時候，便可以開始做多；而若偏空看待，則等待技術指標轉弱再放空。

那麼技術指標該如何觀察轉強或轉弱呢？我們首先觀察反應較快

圖3 當電子期走勢＞金融期，台指期走勢多為強勁

——以電子期、金融期、台指期vs.台指期5分鐘K線為例

◎電子期、金融期、台指期對比走勢　◎台指期5分鐘K線

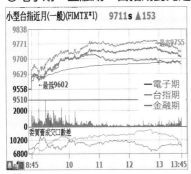 

註：資料日期為2018.01.09　　資料來源：XQ全球贏家

圖4 當金融期走勢＞電子期，台指期走勢多為偏弱

——以電子期、金融期、台指期vs.台指期5分鐘K線為例

◎電子期、金融期、台指期對比走勢　◎台指期5分鐘K線

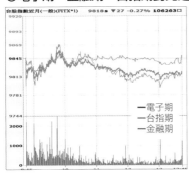 

註：資料日期為2019.01.23　　資料來源：XQ全球贏家

圖5 摩台期領先台指期表態多空方向
──摩台期、台指期盤中走勢

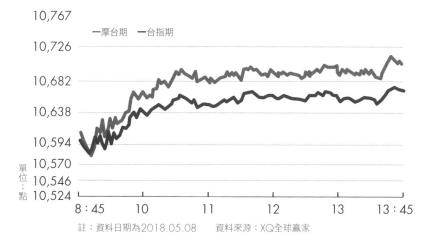

註：資料日期為2018.05.08　　資料來源：XQ全球贏家

圖6 當KD值出現黃金交叉，即可觀察MACD找買點
──台指期1分鐘K線、5分鐘K線走勢

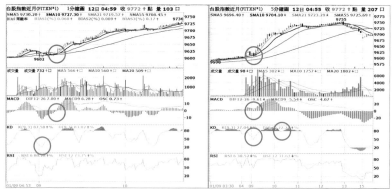

註：資料日期為2019.01.09　　資料來源：XQ全球贏家

的 RSI 和 KD 值，黃金交叉為轉強，死亡交叉則是轉弱。接著則是等待 1 分鐘 K 線圖和 5 分鐘 K 線圖的 MACD 指標柱狀體，看是同步轉強或轉弱後進場。

步驟4》5分鐘K線的KD值出現死亡交叉時出場

出場訊號方面，做多者，只要進場後 5 分鐘 K 線圖的 KD 值指標出現死亡交叉，無論賺錢賠錢都要出場；而若是放空，出場訊號則是 5 分鐘 K 線圖的 KD 值出現黃金交叉。

不過由於使用的指標較多，且 MACD 指標反應較慢，若是投資人對於當日盤勢有較強的信心，也可改使用 KD 值和 RSI 指標提前進場卡位。另外，走完一根 5 分鐘 K 棒需要耗費較長的時間，若是收完 K 棒後才進場，很容易進出在不佳的點位，投資人也可以考慮在 4 分鐘後提早進場。以 2018 年 1 月 9 日的走勢為例（詳見圖6），1 分鐘 K 線圖和 5 分鐘 K 線圖的 4 條均線轉趨多頭排列，KD 值出現黃金交叉後，便可以開始觀察 MACD 指標。而當 1 分鐘 K 和 5 分鐘 K 的 MACD 指標紅色柱狀體面積皆同步增加時，便是明確的進場訊號，此時便可以買進台指期多單。而當 5 分鐘 K 線的 KD 值出現死亡交叉後，則將多單出場。

3-3

台指期當沖術實戰演練》
以2019年1月25日為例

　　以下我們再複習一次操作流程（詳見圖1），接著便列舉2019年1月25日的實戰例子，從盤前規畫到當日盤中操作，提供投資人作參考。

盤前》收集現貨、期貨的籌碼資訊

　　首先我們先收集出前一日（2019.01.24）收盤後，法人買賣現貨和期貨的籌碼資訊。

　　從圖2中我們可以見到3大法人的買賣超金額約為23億9,500萬元，而台灣加權指數當天上漲30.72點，以買超1億元、指數漲一點來看，相當符合大盤的表現，並沒有異常之處。接著將當日外資和外資自營商的買賣超金額加總後，可以知道外資總共在現貨市場買了近21億1,700萬元，該金額算是小幅買超。

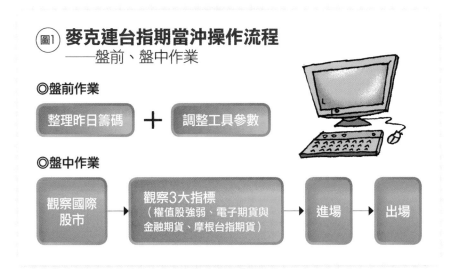

接著，也能從圖 2 的外資現貨買賣超圖中看到，雖然外資每天買超數量不多，但已經連續 6 日在上市市場買超，因此就現貨籌碼來看，外資仍舊偏多看待後市。

從 3 大法人於期貨市場的進出數據中（詳見圖 3）可以見到，外資當天在台指期布局了 3,441 口台指期多單，買超口數相較於平常 1,000 口～ 2,500 口的增減來得更多。另外亦可看出外資未平倉的大台指期貨多單、小台指期貨多單分別共有 5 萬 1,696 口以及 1,329 口，合計為 5 萬 2,028.25 口（＝ 5 萬 1,696 口＋ 1,329 口／ 4）大台指期貨多單。

圖2 外資連續6日在上市市場買超，偏多看待後市

——3大法人買賣超金額統計表

單位名稱	買進金額（元）	賣出金額（元）	買賣差額（元）
自營商（自行買賣）	1,029,370,270	655,738,225	373,632,045
自營商（避險）	3,451,234,857	3,614,972,882	-163,738,025
投信	1,297,525,090	1,229,296,166	68,228,924
外資及陸資（不含外資自營商）	30,490,480,688	28,373,521,373	2,116,959,315
外資自營商	1,264,110	1,409,210	-145,100
合計	36,268,610,905	33,873,528,646	**2,395,082,259**

——外資現貨買賣超與加權指數走勢圖

註：3大法人買賣超金額統計表資料日期為2019.01.24，外資現貨買賣超與台灣加權指數走勢圖資料統計至2019.01.25
資料來源：台灣證券交易所、XQ全球贏家

圖3　3大法人於期貨市場多單合計為5萬2028.25口
—— 3大法人期貨市場的進出數據

序號	商品名稱	身份別	交易口數與契約金額						未平倉餘額					
			多方		空方		多空淨額		多方		空方		多空淨額	
			口數	契約金額	口數	契約金額	口數	契約金額	口數	契約金額	口數	契約金額	口數	契約金額
1	臺股期貨	自營商	12,202	24,032,945	11,217	22,086,925	985	1,946,020	11,024	21,701,311	11,114	21,869,429	-90	-168,118
		投信	29	57,142	35	69,018	-6	-11,876	2,032	4,007,104	26,898	53,042,856	-24,866	-49,035,752
		外資	53,299	104,951,984	49,858	98,168,257	3,441	6,783,727	65,876	129,875,911	14,180	27,954,891	51,696	101,921,020
2	電子期貨	自營商	678	1,062,848	524	821,493	154	241,355	737	1,156,909	581	912,185	156	244,724
		投信	0	0	0	0	0	0	47	73,809	86	135,054	-39	-61,245
		外資	1,170	1,834,318	1,330	2,085,279	-160	-250,961	2,037	3,198,888	1,711	2,686,784	326	512,104
3	金融期貨	自營商	215						109	129,349	471	560,268	-362	-430,919
		投信	0						12	14,275	0	0	12	14,275
		外資	917						1,378	1,639,269	1,532	1,822,401	-154	-183,132
4	小型臺指期貨	自營商	11,566						,670	5,238,936	5,007	2,455,937	5,663	2,782,999
		投信	0	0	0	0	0	0	83	40,919	0	0	83	40,919
		外資	41,566	20,462,232	38,888	19,141,861	2,678	1,320,371	4,070	2,006,393	2,741	1,351,131	1,329	655,262

> 由於大台指期貨多單有5萬1,696口、小台指期貨多單為1,329口,合計大台指期貨多單共有5萬2,028.25口（5萬1,696口＋1,329口／4）

註：資料日期為2019.01.24；單位：口數、千元（含鉅額交易,含印度50期貨、標的證券為國外成分證券ETFs或境外指數ETFs之交易量）
資料來源：台灣期貨交易所

　　而觀察圖4中3大法人的買賣超口數及部位淨多空,我們可以發現外資從23日賣超5,792口台指期,變為24日的買超3,441口,進出數量與方向大幅改變,顯示出盤勢可能即將有新的方向出現,而24日的整體淨多單水位則較上個月的期貨合約結算日當天的4萬8,899口來得更多。總體來看,期貨籌碼也顯示出外資整體偏多

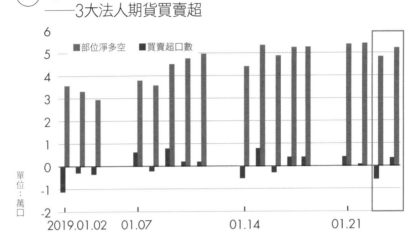

圖4 **外資從賣超轉為買超，代表行情可期**
──3大法人期貨買賣超

■部位淨多空　■買賣超口數

單位：萬口

註：資料統計自2019.01.02～2019.01.24　　資料來源：台灣期貨交易所

看待後市，且可能有行情即將出現。

盤中》確認法人偏多操作，用技術指標做進出

接著於 1 月 25 日開盤前，可先觀察日經指數、韓股綜合、小道瓊指數期貨的走勢（詳見圖 5）。

從圖中可以發現，3 個指數開盤後都急速拉高，隨後小幅回檔，

圖5 **3指數於開盤後，皆出現急速拉高後小幅回檔**

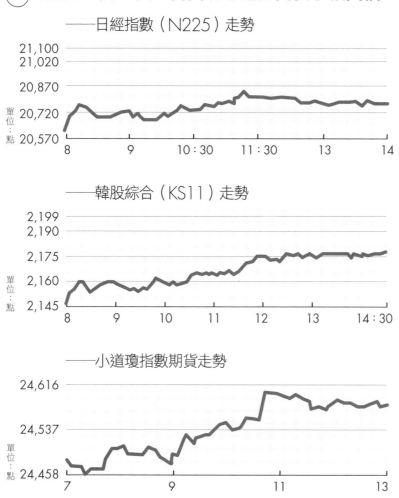

——日經指數（N225）走勢

——韓股綜合（KS11）走勢

——小道瓊指數期貨走勢

註：資料日期為2019.01.25　資料來源：XQ全球贏家

顯見當日應偏多思考。

台指期於 8 點 45 分開盤後，我們首先觀察電子期、金融期、摩台期與台指期的關係。從圖 6 中我們可以見到摩台期大幅強於台指期，顯見今日可能有法人在做多；而圖 7 則顯示電子期強於台指期，而台指期又強於金融期，代表指數將有機會走出多方的趨勢盤；另外，從當日台股前 20 大權值股 K 棒圖中（詳見圖 8），也可看出多呈紅 K 棒，代表現貨也有買盤。

綜合前一日（即 1 月 24 日）的籌碼和盤勢後，我們可以得知今天的方向以偏多為主，接著我們就要利用技術指標做進出。

以圖 9 左邊的 1 分鐘 K 線圖來看，9 點 31 分前 KD 值已經領先作出多次黃金交叉，接著 MACD 指標紅色柱狀體在 9 點 31 分時由綠轉紅，這時我們便要開始觀察 5 分鐘 K 線圖。隨後 9 點 30 分至 9 點 35 分的 5 分鐘 K 棒，以長紅 K 棒突破早盤高點，KD 值呈現黃金交叉，MACD 指標柱狀體也同步轉紅，代表進場時機點已經到了。若是收 K 棒才進場，可以買在 9,948 點。

進場後，我們開始盯緊 5 分鐘 K 線圖的 KD 值，只要出現死亡交叉，便是多單的出場訊號。而從圖 9 中，我們可以見到 10 點 35 分至

⑥ **摩台期走勢高於台指期，代表法人可能做多**
——台指期、摩台期走勢圖

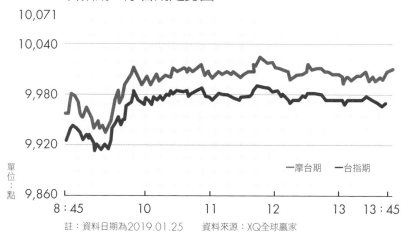

註：資料日期為2019.01.25　　資料來源：XQ全球贏家

⑦ **當電子期＞台指期＞金融期，為走多趨勢盤**
——電子期、金融期、台指期走勢圖

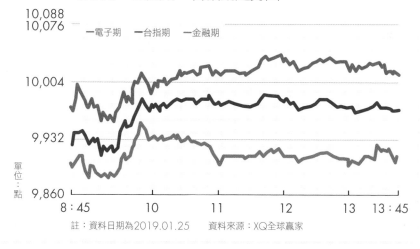

註：資料日期為2019.01.25　　資料來源：XQ全球贏家

圖8 台股前20大權值股K線多為紅K棒，代表有買盤
——台股前20大權值股K棒圖

當日權值股大部分為紅K棒，盤勢偏多

註：資料日期為2019.01.25
資料來源：XQ全球贏家

10 點 40 分的 5 分鐘 K 棒收 K 棒（詳見名詞解釋）後，KD 值出現死亡交叉，這時我們可以將多單出場在 9,978 點，獲利 30 點入袋。

以大台指期貨操作，每一口可以獲利 6,000 元，若手續費和期交稅以 1 點來算，可以獲利 5,800 元。目前大台指期貨一口保證金 9 萬 6,000 元，換算下來報酬率為 6%，可見台指期當沖高槓桿的魅力。

圖9 KD值呈黃金交叉、MACD也轉紅，可準備進場
—— 台指期1分鐘K線、5分鐘K線

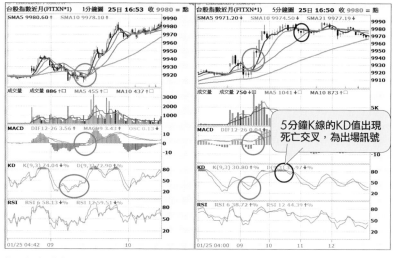

5分鐘K線的KD值出現死亡交叉，為出場訊號

註：資料日期為2019.01.25　　資料來源：XQ全球贏家

　　但也建議新手初期多觀察，並盡量以 2 口～ 3 口的保證金操作 1 口台指期貨，好謹慎控制風險。

名詞解釋

收 K 棒

K 棒行進中因最高價、最低價、收盤價仍未確定，價格仍有可能會上下跳動，因此僅有新 K 棒出現後，才能確定舊 K 棒的樣貌，而收 K 棒指的是當根 K 棒已經確定樣貌，不會再更改。

3-4 線條式當沖法盤前準備》 設好看盤畫面搶先黃金1秒

已經操作現股當沖一段時間後，若想要提高獲利，或許可以考慮透過「股票期貨」這個工具進行當沖。

股票期貨，指的就是股票的期貨，其走勢會隨著股票漲跌，股票漲，股票期貨就會跟著漲；股票跌，股票期貨就會跟著跌。

對熟悉買賣台股的人，現股當沖最容易上手，因為買賣股票的方式完全不需改變，但缺點就是交易成本太高。以交易 2 張 150 元的股票、手續費 6 折為例，即使 2017 年 4 月 28 日起當沖交易稅已經減半，手續費加上稅費仍高達 963 元，但股票期貨的手續費加上交易稅卻不到 50 元，金額相差非常多！

股票期貨交易成本十分低廉，可說是到了根本不需事先計算哪些股票的股價跳幾檔會賺錢的程度，只要交易的方向正確，上漲做多，

圖1 2018年股票期貨成交口數已逾2200萬口

──股票期貨成交口數

期貨交易稅減半加上現股當沖交易稅減半，明顯帶動股票期貨量增

現股當沖交易稅減半

期貨交易稅減半

單位：萬口

註：資料統計截至2018年12月　　資料來源：台灣期貨交易所

幾乎所有的股票期貨只需要跳動 1 檔，投資人就會開始賺錢（只有 10 元以下的股票期貨，若 1 口手續費是 20 元，買賣皆計共需 40 元，則需跳 2 檔才能損益兩平），因此，有愈來愈多的當沖高手轉向股票期貨，藉以大幅提高報酬率。

此外，股票期貨的槓桿是現股的 7.4 倍，加上交易成本又較現股當沖更加低廉，換句話說，如果現股當沖已經可以穩定獲利，那麼透過股票期貨當沖，則可將獲利再以倍數的方式向上提升。因此，

只要學會當沖，換個工具，就可以節省不少成本，又能夠提高槓桿。

現股當沖從當沖交易稅減半後，成交量大增，由 2014 年前僅占大盤 5%，到了 2018 年底一度逼近 40%；而股票期貨的總成交量也跟著大幅成長，總成交量由 2016 年全年 995 萬口，成長至 2017 年的 1,876 萬口，而 2018 年更成長至 2,281 萬口（詳見圖 1）。

股票期貨當沖具4優勢，吸引投資高手目光

股票期貨低廉的交易成本已經吸引許多高手，你也有興趣改用這個工具嗎？不過，雖然股票期貨的走勢與股票亦步亦趨，但現股當沖者若想轉進股票期貨當沖，還是得先了解相關規則，畢竟股票期貨是衍生性金融商品，不同的工具，其交易規則、交易方式與交易時間仍會有些微差異。

股票的單位是 1 張（1,000 股），而股票期貨的單位是「口」，1 口股票期貨表彰 2 張股票（也就是 2,000 股）。股票期貨的交易方式則跟其他期貨一樣，採取「保證金制度」，也就是要先轉一筆資金到期貨保證金專戶（稱為「入金」），才能進行交易；獲利了結後，則可以「出金」，也就是將資金從期貨保證金專戶中提領

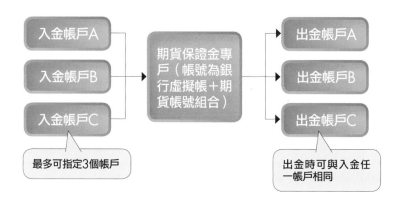

圖2 股票期貨交易須先設定入金帳戶並存入保證金
──期貨保證金專戶規則

出來（詳見圖2）。

　雖然期貨商會要求先入金才能交易，但期貨能夠高槓桿、以小搏大的原因，就是拜這個保證金制度所賜，投資人不需一次拿出想買股票的全部金額。想下單股票期貨時，保證金專戶中只要有其股價的13.5%的錢（即保證金）就可交易，如果當日就完成買賣沖銷掉，跟現股當沖一樣，當日帳戶權益額也會以差額進入保證金專戶。

　股票期貨工具詳細的介紹在1-2已經提過，因此不再贅述，此處要介紹的是股票期貨當沖取代現股當沖的4大優勢（詳見圖3）：

優勢 1》股票期貨當沖交易稅僅現股當沖的 2.67%

在買、賣股票期貨的時候，都要繳交交易稅，但政府只各收取成交價的 10 萬分之 2，也就是股票期貨當沖一次，交易稅總支出只需要成交價的 10 萬之 4；然而，現股當沖交易稅在減半之後，仍然需要千分之 1.5，也就是說，減半後的現股當沖交易稅是股票期貨交易稅的 37.5 倍，意即股票期貨交易稅僅是現股當沖交易稅的 2.67%。

其實，股票期貨交易稅原先是 10 萬分之 4，2013 年由 10 萬分之 4 減半為 10 萬分之 2，而行政院也核定 2019 年 1 月 1 日起，股票期貨交易稅將維持現行規定的 10 萬分之 2，也就是買加賣的交易稅維持為 10 萬分之 4，目前暫無訂出日落日期。股票期貨交易稅稅率減半將成常態，也意味著股票期貨享有比現股更便宜的交易成本。

優勢 2》交易成本低廉，報酬率大幅提升

有買賣過股票的人都很清楚，交易股票的股價愈高，手續費的成本愈大，目前證券交易手續費最高收取上限為每筆千分之 1.425，投資人一般都可以得到 5 折或 6 折的折扣。

在台灣，若要交易股票期貨，必須透過期貨商或是有兼營期貨業

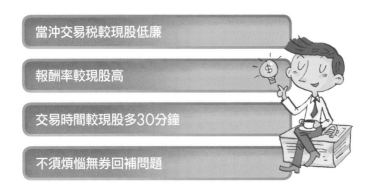

圖3 股票期貨當沖交易成本、報酬均較現股當沖為佳
——股票期貨當沖的4大優勢

當沖交易稅較現股低廉

報酬率較現股高

交易時間較現股多30分鐘

不須煩惱無券回補問題

務的證券商，而期貨商或證券商則會向投資人收取手續費，但這手續費並沒有訂出上限或下限，而是透過「商議」而定。

　　股票期貨手續費的收取方式，是以最小交易單位，也就是1口，來計算收取「固定」的費用，跟股價高低沒有任何關係，不管你交易1口7元的彩晶股票期貨，或是1口3,700元的大立光股票期貨，手續費統統只收取1口的固定金額（買賣均收）。

　　市場上，目前每一口股票期貨的交易手續費是20～50元。一般來說，跟期貨商開戶的手續費，會比兼營期貨業務的證券商手續

費來得低。

因為股票期貨低交易稅、低手續費，報酬率自然會變高。舉例來說，以230元買進、232元賣出2張股票，共可獲利4,000元（＝（232元－230元）×2,000股），以手續費5折、當沖交易稅減半千分之1.5的條件計算，交易成本為1,353元，因此實際獲利是2,647元，報酬率0.58%。

但若是用股票期貨，一樣以230元買進、232元賣出1口（2張股票），獲利4,000元，以手續費1口50元（買加賣共100元）、股票期貨交易稅10萬分之4（買加賣）共18元計算，交易成本為118元，因此實際獲利是3,882元，假設不採取槓桿，報酬率0.84%（詳見表1）；如果用13.5%的保證金計算成本，報酬率則達6.27%。

上述可見，股票與股票期貨的交易成本相差超過10倍（1,353元／118元），而買賣股票的報酬率是0.58%，股票期貨的報酬率則是0.84%，報酬率則多出逾4成（0.84%／0.58%）。

優勢 3》交易時間較現股多 30 分鐘

股票期貨的開盤時間是 8 點 45 分，比現股 9 點開盤提早了 15

表1 股票期貨手續費、交易稅低，可拉高報酬率
——股票vs.股票期貨的交易成本、報酬率

金融工具	買賣單位	股價（元）	手續費（元）	當沖交易稅（元）	交易成本（元）	實際獲利（元）	報酬率（%）
股票	買進2張	230	327	0	1,353	2,647	0.58
	賣出2張	232	330	696			
股票期貨	買進1口	230	50	9	118	3,882	0.84
	賣出1口	232	50	9			

註：股票期貨報酬率的本金，以股票現股計

分鐘開始交易；而股票期貨收盤時間是 13 點 45 分，比現股的 13 點 30 分多了 15 分鐘，因此股票期貨還具有價格提早發現、延後交易的好處（詳見圖 4）。

優勢 4》不須煩惱無券回補問題

熱門股票期貨還有一個優勢，且對放空者特別有利。現股放空，很容易會遇到停資、停券的問題，或者是當日放空後，本來應該在當天買回沖銷掉部位，但因故來不及回補，或是因為漲停而無法回補的情況，如此一來，投資人就很可能導致必須支付高額的「借券」費用。

因為如果交易當天沒有沖回，證券公司沒有券、盤後交易又沒有

賣出，券商就會替投資人到市場上跟持有股票的人借券，這種情況的借券成本通常非常高，一般借券的利息多為 7%，再加上要支付借券利息的 10% 手續費給券商，隔天早上券商就會「強制」幫投資人回補，並收取上述手續費。

但股票期貨當沖就沒有這種困擾，賣不掉就是直接變成留倉，還有機會等股價波動回軟時回補。

盤前先設定好各式指標，當沖才能奪得先機

若你有一套現股當沖的方法，也可以直接套用到股票期貨，不管是 Tick 等級、分鐘等級或日內波等級的當沖手法，都可以適用在股票期貨上。

此處要介紹當沖高手林昇選擇使用股票期貨這個工具的當沖手法，他自創「線條式」直觀操作的股票期貨當沖法，是透過指標的變化當沖股票期貨，持倉時間介於 Tick 等級至分鐘等級。

不過，林昇認為，使用單一指標當沖的勝率不高，因此他的方法是先看大盤多空，再看個股強弱，接著使用個股的期貨（即股票期貨）進行買賣，因為股票期貨的交易成本極低，即使頻繁買賣，也

⓪ 股票期貨具價格提早發現、延後交易2大好處
——股票vs.股票期貨的交易時間

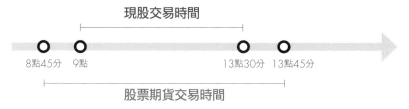

現股交易時間

8點45分　9點　　　　　　　　　　13點30分　13點45分

股票期貨交易時間

註：每個月結算日時，股票期貨交易時間為8點45分～13點30分

不會侵蝕其獲利。

　　由於在開盤的短短期間內，要先看大盤、再看個股，最後下單股票期貨，共有 3 道程序，要觀察的指標又很多，因此林昇在盤前會先將各式指標設定好，使用不同顏色的「線條」表達多空與強弱，讓當沖者在看盤的畫面中，一眼就能看出股價是要攻擊或走弱，搶先黃金 1 秒鐘進行買賣，奪得先機，賺到當沖的波動財。

　　所謂「工欲善其事，必先利其器」，將看盤畫面事先設定好，當沖的時候才不會手忙腳亂。至於要看哪一些線條指標？這些指標各有什麼意義、要如何使用？投資人又應該怎麼設定準備當沖的畫面才好呢？

股票期貨當沖的盤前作業，主要可分為大盤與股票期貨 2 大部分：

1. 設定大盤瀏覽畫面，率先解析盤勢

大盤要設定的畫面有 3 步驟：

步驟 1》設定美國道瓊指數與台指期日線圖

雖然當沖只是賺取盤中走勢的一小段，但若能順勢當沖，勝率會更高。因此當沖之前，先觀察一下美國道瓊指數與台指期的日線圖，可以更了解目前整個大盤氣氛的可能走勢（詳見圖 5）。

大盤可簡單區分為 4 種走勢：開高走低、開高走高、開低走低、開低走高。如果美國道瓊指數前一日是大跌，台股今天的走勢開低機率非常高，這時就去掉了一半的機率，也就是只剩下「開低走低」與「開低走高」2 種。

開盤之前，投資人可以先在心中盤算，要開多低才可以搶反彈，或是開低之後有什麼訊號可以確定大盤是往下或向上。

在股票期貨 8 點 45 分開盤之前，先檢查美國道瓊指數日線與台指期日線，林昇的方法是：①比較 3 根日 K 線的長短；②日期愈近的 K 棒影響力愈大；③若為十字線，代表多空力道勢均力敵，可略

圖5 美股若大跌，隔日台股開盤開低機率將大增
——美國道瓊指數vs.台指期日線圖

◎美國道瓊指數日線圖

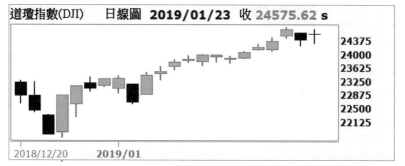

◎台指期日線圖

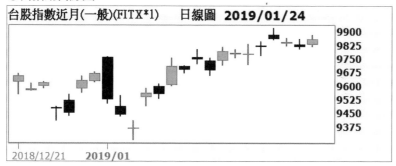

註：資料統計自2018.12.20～2019.01.24　　資料來源：XQ全球贏家

過不看。

　　利用這 3 個方法，就能簡單判斷出當日開盤開低或開高的機率。

步驟2》設定委買、委賣成交口數差

盤中短線強弱，可以透過委託買進（委買）口數與成交口數差，以及委託賣出（委賣）口數與成交口數差的變化，來看出大盤接下來會強還是弱，許多免費的券商看盤軟體都有這個指標（設定方式詳見圖解教學❶）。

在「委買賣成交口數差」這個指標中，預設的紅色線是「委買成交口數差」，指的是委買口數與成交口數的差額，而綠色線為「委賣成交口數差」，指的是委賣口數與成交口數的差額。

這兩條線十分好用，投資人可以從中看出大盤接下來會走多還是走空。這個指標可以從絕對數字與相對數字來解讀：

①**從絕對數字解讀**：當委買成交口數差比委賣成交口數差多更多，代表想買進的力道較大，有利後續盤勢向上推；相反的，當委賣成交口數差比委買成交口數差多，代表想賣出的力道較大，而多數人都想賣出的時候，盤勢就容易跌。

因此，如果開盤之後，紅色線的委買成交口數差比綠色線的委賣成交口數差多出2倍，甚至更多的話，代表多方的力道強勁；反之亦然。

②**從相對數字解讀**：當代表委買成交口數差的紅色線向上走，代表盤勢接下來走多，向下走，代表盤勢接下來走空；線條向上角度愈陡，則表示多方力道愈強。

由於盤面受到買方與賣方同時拉扯，因此，也要同時查看代表空方的委賣成交口數差（綠色線），線條向上為走空，向下為走多；線條向上角度愈陡，則表示空方力道愈強。

透過線條的變化，投資人可以直觀地看出多與空，盤中當沖決策就可以更快速。以委買賣成交口數差這兩條線來說，當出現以下情況時，可以簡單歸類為代表大盤偏多的走勢：①紅線遠遠高於綠線；②紅線向上、綠線向下、開口擴大；③紅線剛向上穿過綠線。若與前述情況相反時，則是大盤走弱的訊號。

實務上，投資人特別要注意的是，其中獲勝機率最高的時候，就是局勢剛改變的時候，通常會帶動一波走勢，當委買成交口數差向上穿越委賣成交口數差時，稱為「黃金交叉」，台指期往往會上漲一段（詳見圖6）。

至於當委買成交口數差向下穿越委賣成交口數差時，則稱為「死亡交叉」，台指期往往會下跌一段。而「黃金交叉」、「死亡交叉」

這兩個時間點，就是當沖賺錢的最佳時機。

此外，一旦盤中兩條線平行，代表盤勢多空力道已達到平衡，上下波動機率不大，呈現在走勢圖上，平行小幅波動機率也會比較大。

步驟 3》設定 1 分鐘 K 線圖，並搭配布林通道指標

由於開盤後，當沖是以分、以秒地快速進出，因此不能使用以日為單位的 K 線圖，而是需要縮短時間頻率的 K 線圖。多數當沖者都會使用 1 分鐘 K 線圖，藉由觀察 1 分鐘 K 線圖的走勢變化，了解盤勢強弱。

除此之外，布林通道也是一個看多空與強弱度的技術指標，可以輔助觀察當下台指期有多少上攻的力道與空間，如同台指期多空的位置所在圖。

布林通道的上下通道概念是標準差，若參數使用 1 個標準差，代表股價落在通道內的機率是 68%；若使用 2 個標準差，代表股價落在通道內的機率是 95.44%。

由於強弱勢是比較出來的，若使用 2 個標準差，則股價大部分的時間都會落在通道內，只有極端值的時候才會落在通道外，這樣投

⑥圖 委買賣成交口數差出現黃金交叉，可考慮做多
── 委買賣成交口數差

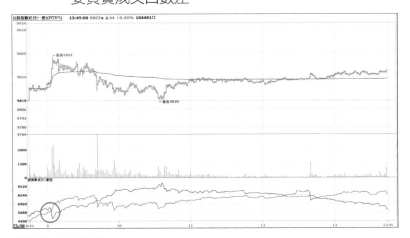

資料來源：XQ全球贏家

資人可進出的次數太少，很難進行當沖，因此可以設定 1 個標準差，一旦股價跑出通道外，就代表比平時更強勢。

　　布林通道的轉強訊號有：①股價剛站上 1 個標準差的通道線，且通道打開是強多訊號；②在下通道不再向下，而站回通道內，也是偏多訊號。

　　布林通道的轉弱訊號有：①股價從 1 個標準差上，剛跌回 1 個標

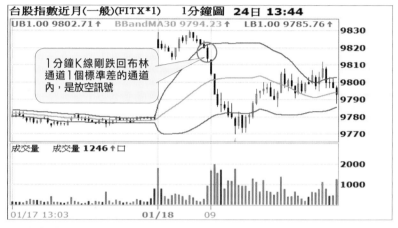

圖7 股價跌回布林通道,為轉弱訊號
——布林通道1分鐘K線圖

> 1分鐘K線剛跌回布林通道1個標準差的通道內,是放空訊號

註:資料統計自2019.01.17~2019.01.18　　資料來源:XQ全球贏家

準差的通道線,為空方訊號;②在下通道再放量向下,且通道打開,也是空方訊號(詳見圖7)。

當沖是分秒必爭的時間賽,由於美國道瓊指數、台指期日K圖,以及台指期布林通道1分鐘K線圖是每日當沖必看的畫面,因此事先設定好畫面的話,就不用每日重複找資料,浪費時間。

許多券商的看盤軟體都有分頁功能,投資人可以透過分頁一次設

圖8 設定分頁，免除每日重複找資料困擾
—— 看盤軟體分頁設定

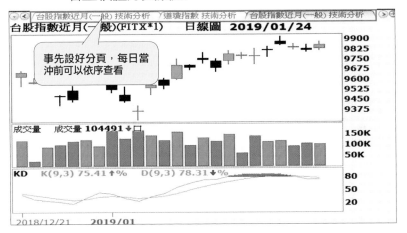

資料來源：XQ全球贏家

定好，加快瀏覽畫面的速度。雖然只是個小撇步，但對當沖者來說，
則是較為方便的功能（詳見圖8）。

2. 設定股票期貨瀏覽畫面，找出熱門標的

設定好看大盤多空方向的畫面之後，接著就要來設定股票期貨的
部分，共有2步驟：

步驟1》找出熱門股票期貨

當沖一定要有量能才能沖，若是交易太過冷門的標的，雖然看好該標的並想買進，卻沒有人要賣出，恐怕會成交不到好價格。因此，盤前先找出所有的股票期貨，並依成交量排序，只交易有量的股票期貨為佳。

但所幸的是，因為股票期貨的檔數不到 200 檔，比起 1,600 多檔的上市櫃公司檔數少很多，加上盤面的熱門股通常會持續一段時間，因此找到交投熱絡的股票期貨並設入自選股後，不需要每天重做，只要 1 ～ 2 個月檢查其熱門程度，再進行更動即可。

投資人可以透過台灣期貨交易所（簡稱期交所）網站（網址為 www.taifex.com.tw/cht/index），查詢股票期貨交易標的，或者是直接在看盤軟體中，找出股票期貨的標的，再依照總量排序，找出每日成交量至少 500 口以上的股票，設入自選股中，方便當沖交易即可（詳見圖 9）。

如果是能力圈較小，或只想觀察較少標的的投資人，也可將標準提高到 800 口。

要注意的是，成交口數都是相對的，如果大盤成交量上升、股票期貨的成交量也往往會跟著上升，熱門標的觀察成交口數也可跟著

(圖9) 利用看盤軟體，迅速篩選熱門股票期貨標的
——依股票期貨成交量進行排序操作

商品	成交	買進	賣出	漲跌	漲幅%	總量▽	委買	委賣	昨收	內外盤比重	股
凌陽期02	11.65	11.60	11.70	▼0.10	-0.85	100	1	6	11.75		
台積電期02		11.60		▲1.50	+0.68	961	42	52	220.0		
穗懋期02								52	137.5		
凌陽期03								7	11.75		
大同期02							21	26.30		
小型大立光...								2	3725		
環球晶期02	265.0s	265.0	265.5					4	266.0		
台積電期03	222.0s	222.0	222.5	▲2.00	+0.91	1393	1	173	220.0		
欣興期02	21.60s	21.60	21.65	▲0.30	+1.41	1317	6	2	21.30		
美律期02	148.0s	147.5	148.0	▲3.00	+2.07	1171	16	5	145.0		
創意期02	198.5s	198.0	199.0	▼5.00	-2.46	1169	7	7	203.5		
南亞科期02	59.4s	59.2	59.4	▲2.50	+4.39	1107	2	3	56.9		
晶電期02	25.55s	25.50	25.60	▲0.35	+1.39	1081	2	7	25.20		
國巨期02	315.5s	315.0	316.0	▼0.50	-0.16	1007	8	5	316.0		
嘉聯益期02	26.00s	26.00	26.05	▲0.55	+2.16	922	1	2	25.45		
中美晶期02	62.3s	62.2	62.4	▼0.70	-1.11	877	6	2	63.0		
長榮航期02	14.65s	14.60	14.70	▲0.10	+0.69	843	31	40	14.55		
元大台灣50ETF期...	74.05s	74.05	74.10	▲0.30	+0.41	841	1	23	73.75		
宏達電期02	34.50s	34.45	34.55	▼0.05	-0.14	765	10	1	34.55		
廣宇期02	19.00s	19.00	19.05	0.00	0.00	725	5	1	19.00		
聯詠期02	151.0s	150.5	151.5	▼3.00	-1.95	723	3	2	154.0		

（說明框一）在期貨商品中，找到近2個月的股票期貨

（說明框二）按一下「總量」，即可依成交量進行排序

資料來源：XQ全球贏家

向上調整，甚至調整到 1,000 口以上。

步驟2》設定股票期貨的內外盤成交線

　　想當沖做多，要找出比大盤（加權指數或櫃買指數）更強的個股；要當沖做空，就要找出比大盤更弱的個股。不過要怎麼找出比大盤更強的個股標的呢？有2個觀察指標：

　　①**個股走勢：**所謂強者恆強，要找比大盤漲更多的個股，個股走

勢要在大盤上面，就有機會漲更多。

②**內外盤成交線**（詳見名詞解釋）：若外盤成交力道強，代表買方買進的力道強，有機會再上漲一波；反之，若內盤成交力道強，則表示賣方力道強（設定方式詳見圖解教學❷）。

這 2 個指標若能同步最好，特別是在「開高走高」的強多盤勢，2 個指標都同步看多，勝率較高；不過，如果是在「開低走高」、相對較為弱勢的偏多當沖盤，也可退而求其次，找出只有 1 個訊號偏多的標的，當沖做多。

確定好交投熱絡的股票期貨有哪些標的後，接下來就是要將自選股的畫面設定好，盤中隨時盯著，看到訊號出現，就出手當沖獲利。

💰 **名詞解釋**

內外盤成交線

在交易股票時，委託買進價（委買價）與委託賣出價（委賣價）會各有5檔。當成交在委買價，即稱為內盤，會以綠色呈現內盤成交價，代表賣方急著用較低的價格出脫股票；而成交在委賣價，即稱為外盤，會以紅色呈現外盤成交價，代表買方急著用較高的價格買進股票，內外盤成交線就是將這些數據以線條方式呈現。

圖解教學❶　設定委買賣成交口數差

STEP 1

以看盤軟體「XQ全球贏家」為例，登入系統後，進入台指期走勢圖頁面，在任一處點選滑鼠右鍵，選擇❶「即時指標」。

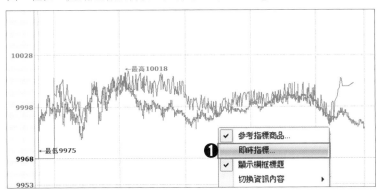

STEP 2

接著，在「選擇即時指標」頁面中，勾選❶「繪製相關即時指標」後，在下方選單中點選❷「委買賣成交口數差」即可。

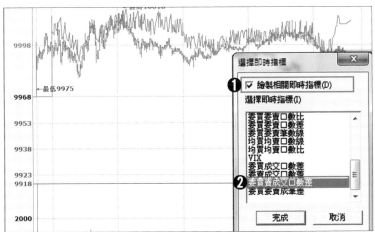

資料來源：XQ 全球贏家

圖解教學❷　設定加權指數、內外盤成交線

 STEP 1

以免費的看盤軟體「XQ全球贏家」為例，登入系統後，想設定「個股走勢在大盤之上」的指標時，進入個股走勢圖頁面（此處以國巨（2327）為例）後，在任一處點選滑鼠右鍵，選擇❶「參考指標商品」。

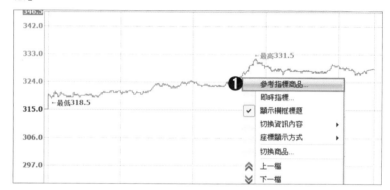

 STEP 2

接著，在「選擇參考指標商品」頁面中，勾選❶「繪製參考指標」後，在下方選單中勾選❷「加權指數」；若是櫃買中心的標的，則須勾選「櫃買指數」。

系統出現的藍色線為股價走勢、紫色線為加權指數，從圖中可明顯看出從開盤到收盤的這段時間內，國巨的走勢都比大盤更強。

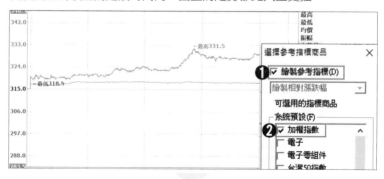

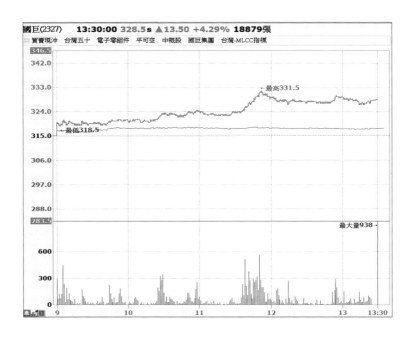

STEP
3 若想設定「內外盤成交線」的指標時，在個股走勢圖頁面的任一處，
點選滑鼠右鍵，選擇❶「即時指標」。

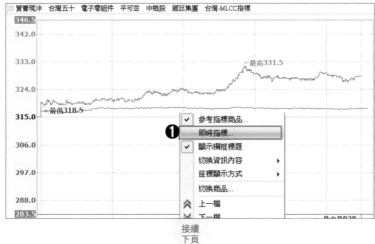

接續
下頁

接著,在「選擇即時指標」頁面中,勾選❶「繪製相關即時指標」後,在下方選單中點選❷「內外盤成交線」即可。

在走勢圖上,系統就可以同時呈現2個指標,紅色線為外盤成交線,綠色線為內盤成交線,投資人可以在盤中隨時盯著指標變化,選擇進場當沖做多或做空。

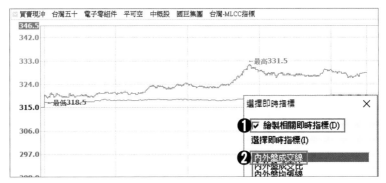

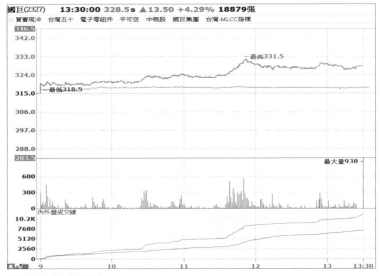

資料來源:XQ 全球贏家

3-5 線條式當沖法盤中操作》用2指標賺到波動財

設定好看大盤以及個股多空變化的各式指標,會不會覺得指標太多?別擔心!這一套方法,雖然看似指標多,但最棒的地方,就在於每天只要「上班」1小時,就有機會日領6,000元。

8點45分到9點45分這段時間,是一日當沖大盤與股票波動最大的時間,也是當沖「最有肉」的黃金時間,因此只需要集中精神在這個關鍵1小時,觀察指標出現多方或空方訊號,再順勢乘浪一小波當沖就可以收手。在這一個章節中,我們會一一介紹在盤中不同時間,依序要觀察哪些指標,以及如何進出股票期貨。

8點45分》觀察委買賣成交口數差、布林通道

首先,我們要先看大盤的氣氛,大盤往多的方向走,才能做多當沖股票期貨。

　　由於台指期領先大盤現貨 15 分鐘開盤，因此，8 點 45 分就要先打開台指期的走勢圖，觀察盤前事先設定好的指標「委買賣成口數差」，這個指標是以紅綠兩色的線條顯示（紅線為委買成口數差，綠線為委賣成口數差）。

　　「委買賣成口數差」可以得知當日要操作當沖的方向與力道。「方向」指的是觀察大盤多或空，可以知道接下來要挑選的個股是要做多或是做空其股票期貨；而看出大盤上漲的「力道」，則可以決定挑選股票期貨做多與做空的資金比重。

　　假如大盤是強力上漲的多頭訊號，那麼投資人就可以多選擇幾檔股票期貨做多，或增加做多股票期貨的資金，並減少做空的部位；若是該指標顯示大盤僅是小幅上漲的多頭訊號，那麼可以當沖做多與做空各一半。

　　委買賣成口數差屬於領先指標，若這個指標走多，代表接下來大盤有一小段多頭走勢，此時當沖做多股票期貨，有大盤走多保護，勝率才會高。不過，哪些是多頭訊號呢？

多頭訊號 1》紅線是綠線數值的 1 倍以上

　　開盤委買成口數差的數值是委賣成口數差的 1 倍以上，即是

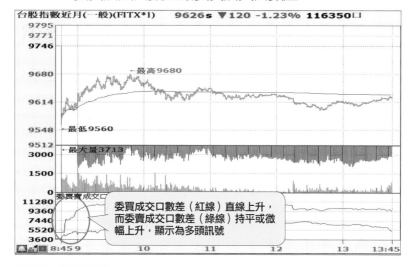

圖1 **委買成交口數差上升角度陡，顯示為多頭訊號**
——委買成交口數差vs.委賣成交口數差

台股指數近月（一般）(FITX*1)　9626s ▼120 -1.23% 116350口

委買成交口數差（紅線）直線上升，而委賣成交口數差（綠線）持平或微幅上升，顯示為多頭訊號

資料來源：XQ全球贏家

偏多訊號，兩者相差數值愈多，通常代表的多頭力道愈多，2 ～ 3 倍以上則是強多訊號。

多頭訊號 2》紅線上升角度陡峭

紅線直線上升，而綠線僅為持平或微幅上升，表示委買成交口數差較委賣成交口數差的增加速度快，容易帶動大盤上漲。當紅線上升或是綠線下降的角度愈陡，愈是強多的訊號（詳見圖 1）。

圖2 委賣成交口數差大幅下降，亦可帶動大盤漲幅
—— 委買成交口數差vs.委賣成交口數差

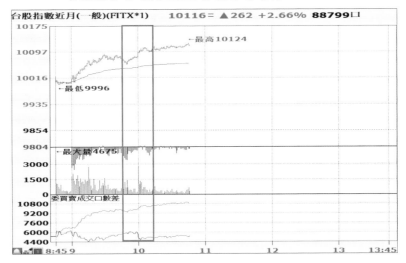

資料來源：XQ全球贏家

多頭訊號3》紅線未大幅增加，綠線快速下降

盤中買進、賣出的力道，兩者對戰拉扯下，會影響大盤的漲跌，因此當沖者只要盯著這兩條線的力道變化，就可以知道下一步大盤的漲跌。

即使委買的力道沒有增加，但是只要委賣的力道大幅減少，也同樣會帶動一波漲幅，因此這也是大盤偏多的訊號之一（詳見圖2）。

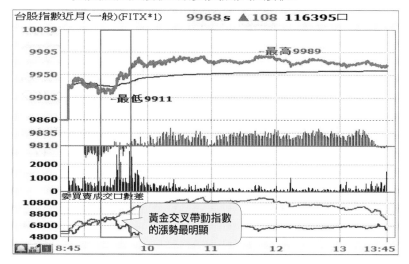

圖3　**委買賣成交口數差黃金交叉，大盤將有明顯漲幅**
──委買成交口數差vs.委賣成交口數差

資料來源：XQ全球贏家

多頭訊號 4》紅、綠線出現黃金交叉

原先代表委買成交口數差的紅線數值較低，但是紅線向上升高之後，穿越代表委賣成交口數差的綠線，形成「黃金交叉」，這時通常大盤會有一波不小的漲幅，是看漲的多頭訊號（詳見圖3）。

黃金交叉有時是紅線不動，但綠線下降很快，有時則是紅線上升快速，而綠線不動。不管是哪一種情況，只要出現黃金交叉，且紅、

綠線開口角度擴張愈大，多頭訊號就愈強烈，帶動的漲幅也會愈大、愈久。

多頭訊號 5》紅線在下開始往上走，綠線在上開始往下走

一般常見的情況，是紅線在上、綠線在下的時候做多，這是順勢做多且勝率比較高的方式。但接下來要介紹的這一招，是適合已練就出快速當沖的高手，在當天盤勢走空的情況之下，仍然有做多的時機。

在下跌盤勢時，通常委賣成交口數差會高於委買成交口數差，也就是紅色線在下面，綠色線在上面，但是一旦委賣的力道開始減少，委買的力道開始增加，當紅色線在下面向上走，綠色線在上面往下跌，雖然還沒有形成黃金交叉，也是可以搶短當沖的時機，不過，動作要快速，搶到錢就可以離場。

前文介紹了委買賣成交口數差的 5 個多頭訊號；反之，則是空頭訊號，也就是：

1. 綠線是紅線數值的 1 倍以上。
2. 綠線上升角度陡峭。
3. 綠線未大幅增加，紅線快速下降。

4. 紅、綠線出現死亡交叉。

5. 綠線在下開始往上走，紅線在上但開始往下走。

看完委買賣成交口數差指標之後，還可以使用布林通道 1 分鐘 K 線圖來進行輔助，觀察當下台指期的位置，同樣這也可以看出目前大盤的氛圍是多還是空，也能夠看出多頭或空頭的力道有多強。

由於布林通道上下通道的概念是標準差，此處使用的參數為 1 個標準差，代表股價落在通道內的機率是 68%，當大盤站上布林通道的 1 個標準差時，就代表相對強勢，若同時布林通道的開口擴大，即代表多頭的力道更為強烈（詳見圖 4）。

相反的，當大盤跌破布林通道的 1 個標準差時，就代表相對弱勢，若同時布林通道的開口擴大，即代表空頭的力道更為強烈。

不過，在 8 點 45 分觀察這兩個大盤指標的變化時，並不需要急著買進股票期貨，投資人只要持續看著這兩個指標的變化，感受大盤的脈動，靜待現貨 9 點開盤後的 5 分鐘，再決定是否要出手。

為什麼 9 點 5 分以後才要找機會當沖，卻要從 8 點 45 分就開始觀察大盤的變化呢？這是因為當沖非常需要靈活性的彈性操作，除

了觀察指標的絕對數字之外，也很重視相對性，留意當日盤中的強弱變化，可以看到大盤究竟是愈來愈偏多，或是多頭力量愈來愈弱、即將由多轉空的趨勢。

只判斷某個時間的指標強弱，雖然夠用，但其實盤中是動態的，在開盤期間，大盤指數不斷地在變化，當沖者如果能夠觀察指標、感受指標與盤勢多空的變化，就可以鍛鍊自己的盤感，增加出手的勝率。

9點5分》市場交鋒結果出爐，再度確認大盤強弱

9點現貨剛開盤時，是多空力道交集最激烈的時間，將會帶動台指期貨再有一波上漲或下跌，這是因為累積了前一日的國際情勢、國際股市等眾多變化，而導致市場上出現看多與看空的不同看法，因此在開盤時會一下子就爆發出來。

由於我們要操作的是股票期貨，因此不用在9點現貨剛開盤時就賭哪一方會獲勝，可以等到9點5分，讓市場決定出多空方向後，用「委買賣成交口數差」、「布林通道」這2個大盤指標判斷接下來的方向跟力道，再挑選個股的股票期貨進場，操作跟大盤同方向的個股。

圖4 善用布林通道，解析大盤多空走勢
—— 布林通道1分鐘K線圖

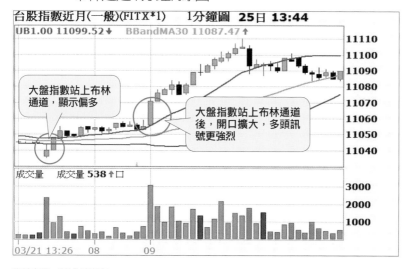

台股指數近月(一般)(FITX*1)　1分鐘圖　25日 13:44

UB1.00 11099.52↓　BBandMA30 11087.47↑

大盤指數站上布林
通道，顯示偏多

大盤指數站上布林通道
後，開口擴大，多頭訊
號更強烈

成交量　成交量 538↑口

03/21 13:26　08　09

資料來源：XQ全球贏家

9點5分〜45分》篩出強勢標的，做多股票期貨

以做多為例，假設9點5分用「委買賣成交口數差」、「布林通道」
這2個大盤指標，確定當下的大盤將會向多頭繼續前進，接著就要
挑選比大盤更強的個股來進行做多。

在3-4時，我們已經設定好2個指標，並選出有量的股票期貨自

選股名單，這時候，可以打開看盤軟體上已經設定好的 2 個指標走勢圖，並輸入自選股的股號以觀察個股走勢。

當這 2 個指標出現以下 2 個訊號時，就表示個股比大盤更強，可以進場做多：1. 個股走勢比大盤走勢更強；2. 外盤成交線在內盤成交線之上。

以 2019 年 1 月 25 日的創意（3443）為例，9 點現貨一開盤，創意的走勢即在大盤加權指數之上，顯示創意是比大盤強勢的股票；接著，在 9 點 23 分～ 28 分時，代表外盤成交線的紅色線不斷上升，與代表內盤成交線的綠線開口愈來愈大，而這段時間即是可以進場的時機（詳見圖 5）。

看到創意同時符合這 2 個比大盤更強勢的訊號之後，投資人就可以趕緊下單創意的股票期貨，9 點 23 分～ 28 分創意的現貨價格成本約 201 ～ 201.5 元，而創意的股票期貨價格則在 201 元～ 202 元左右。

而隨著創意的內外盤成交線開口擴大，其現股股價果然在 9 點 40 分～ 45 分大漲一波，最高漲到 204.5 元，而創意的股票期貨最高則漲到 205 元。

圖5 內外盤成交線開口持續擴大，是進場做多時機
——以創意（3443）為例

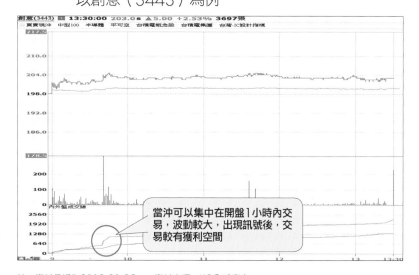

當沖可以集中在開盤1小時內交易，波動較大，出現訊號後，交易較有獲利空間

註：資料日期為2019.01.25　資料來源：XQ全球贏家

出場時機》3訊號出現，讓波段獲利先落袋為安

買進看多個股的股票期貨之後，究竟應該要什麼時候出場才好呢？由於當沖的目的，只是要賺取非常短的一小波段上漲，有獲利就可以先行出場，因此只要看到以下3個訊號，即可以出場：1.股價漲不動；2.原本股票以外盤成交，轉為內盤成交，且單量放大；3.大盤轉弱。

不過，要留意的是，雖然下單的是股票期貨，但由於股票期貨都是隨著股票漲跌，因此投資人只要專心觀察現股的走勢與成交明細即可。

在觀察成交明細的時候，要特別注意成交價格與單量的變化，當個股以外盤成交時，單量會以紅色顯示，而以內盤成交時，單量會以綠色顯示。當外盤成交轉為內盤成交，如果還加上了單量放大，那就是一定要出場的訊號。

同樣以 2019 年 1 月 25 日的創意現貨為例，當日 9 點 45 分之前，都是以外盤成交，但從 9 點 45 分 49 秒開始轉為持平，接下來轉為內盤成交，就是警訊。

不過，由於此時以內盤成交的單量並不大，還可以再稍作觀察；接下來，雖然可以看到成交明細再度轉為看漲的外盤成交，但以外盤成交的單量已降為 1 ～ 7 張，比起之前 4 ～ 26 張的外盤成交量有明顯變少，這意謂著不計代價想買進的力道已經減弱，要隨時留意出場訊號。

9 點 46 分 55 秒，又由外盤成交轉為內盤成交，9 點 47 分 5 秒的內盤成交單量達 15 張，明顯較之前的成交單量增加，代表已經

圖6　內盤成交單量明顯增加，應迅速出場
——以創意（3443）為例

◎現股成交明細

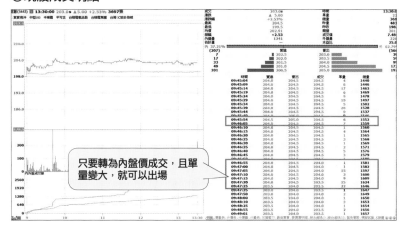

只要轉為內盤價成交，且單量變大，就可以出場

◎股票期貨成交明細

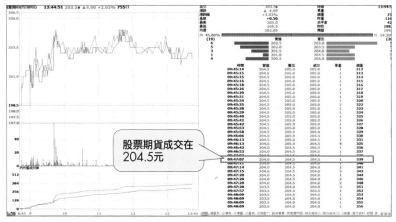

股票期貨成交在204.5元

註：資料日期為2019.01.25　　資料來源：XQ全球贏家

有人開始不計代價想要賣出，接下來有可能會下跌一段，此時就一定要出場。此時創意的出場價格，現股為 204 元，而股票期貨則可成交在 204.5 元（詳見圖 6）。

　這筆創意股票期貨的當沖交易，以 201 元買進、204.5 元賣出，1 口可以獲利 7,000 元（＝（204.5 元－ 201 元）×2,000 股），手續費為 1 口 20 元（買加賣共 40 元），交易稅 1 口為 8 元（買加賣共 16 元），當天在半小時內買進、賣出當沖，扣除稅費後，1口的實際獲利為 6,944 元（＝ 7,000 元－ 40 元－ 16 元），以股價來看，報酬率僅 1.73%，但若以原始保證金 5 萬 4,270 元計算，報酬率則高達 12.8%。

3-6 線條式當沖法實戰演練》做多嘉聯益

當沖高手林昇自創的「線條式」直觀操作的股票期貨當沖法，主要是透過：1.盤前先設定好畫面（詳見3-4）、2.開盤後看「委買賣成交口數差」與「布林通道」2個指標（詳見3-5）這2個步驟來檢視大盤多空與強弱。

如果大盤走多，就要找出比大盤漲更多的股票標的，買進其股票期貨，接著觀察股票的成交明細，成交價格是否由外盤成交轉向內盤，股價是否漲不上去，或是大盤轉弱的時候即出場。

如果大盤走空，就要找出比大盤跌更多的股票標的，買進其股票期貨，接著觀察股票的成交明細，成交價格是否由內盤成交轉為外盤，股價是否跌不下去，或是大盤轉強走多的時候即出場。

這一套方法既可做多，也能做空（詳見圖1）。

由於當沖是賺取各訊號帶動的大盤、個股的一小段漲跌波動，因此完全不需戀棧，只要看到出場訊號就要趕緊出場。

接下來，我們就要用實際的例子，帶你了解這一套「線條式」直觀操作的股票期貨當沖法該如何運用，才能讓投資報酬率快速翻倍。

盤前》先解析市場趨勢，做好當沖操作準備

開盤前最重要的，就是要先看看目前美國道瓊指數日K線與台指期日K線的位階與變化，了解當下台股大盤指數在近期盤勢中的位置是高或是低，並藉由觀察美國道瓊指數與台指期日K線各自最近3根K棒的多空力道，投資人也可以先有心理準備，當日開盤可能會開低或是開高。

以2018年12月10日為例，開盤前，道瓊指數最近一個交易日（12月7日）的最近3根K棒，分別是長黑K、中紅K與長黑K，黑K多於紅K，且最近1根K棒為長黑K，因此台股開盤開低的機率較高。

而同日，盤前看台指期12月7日前的最近3根K棒，分別是短黑K、長黑K與十字紅K，雖然最近1根K棒應該要加權計算，但

圖1 穩紮穩打，降低股票期貨當沖失敗機率
——線條式股票期貨當沖法

◎盤前

設定觀察3指標	1.美國道瓊指數、台指期日線圖 2.大盤與個股走勢圖 3.熱門的股票期貨自選股名單

◎盤中

看大盤多空2指標	1.台指期委買賣成交口數差 2.布林通道1分鐘K線圖

挑強勢個股2步驟	1.從前一日股票期貨自選股名單中找比大盤強勢個股 2.買進強勢個股的股票期貨

留意出場點3訊號	1.觀察成交明細，由外盤轉內盤且成交單量放大 2.個股股價漲不動 3.大盤轉弱

因為十字 K 屬於「變盤線」，即使是收紅，仍然不屬於偏多訊號，加上前 2 根 K 棒都是黑 K，對台股殺傷力大，因此應該也是要偏空判斷。

綜上所述，觀察美國道瓊指數與台指期日 K 線後，可知台指期 12

月 10 日開盤時，開低的機率偏高（詳見圖 2）。

盤中》篩出比大盤強勢個股，再布局股票期貨

1. 看大盤多空

盤前判斷當日台指期可能開低之後，在股票期貨開始交易時間 8 點 45 分之前，先行打開台指期走勢圖，準備觀察開盤後「委買賣成交口數差」的變化。

2018 年 12 月 10 日，台指期雖然如盤前預期般地開低，但是一開盤，代表委買成交口數差的紅線在上、代表委賣成交口數差的綠線在下，明顯可以看出想要買進台指期的力道比想要賣出的力道還要強，判斷可望帶動台指期開低走高（詳見圖 3）。

果然，台指期雖然開低，隨後走高，在 9 點現貨開盤前一度走軟，但 9 點開盤後，委買成交口數差微幅上升，但委賣成交口數差則下降，台指期繼續上攻。

接著，我們再看一下布林通道的 1 分鐘 K 線圖的變化。2018 年 12 月 10 日，台指期剛開盤的第 1 根 1 分鐘 K 線，在開盤時就跳空，並且跌出了布林通道外，這主要是反映前一日（12 月 7 日）的美

圖2 觀察前3日道瓊、台指期，研判當日開盤走勢
—— 美國道瓊指數vs.台指期日K線

◎美國道瓊指數日K線

◎台指期日K線

資料來源：XQ全球贏家

股大跌。

　　但是台指期第1根1分鐘K線就收紅K棒，意味著開低後收高，
第2根1分鐘K線開始量縮，顯示主力沒有追跌，第3根1分鐘

圖3 委買力道大於委賣，盤勢可望有反彈
—— 委買賣成交口數差

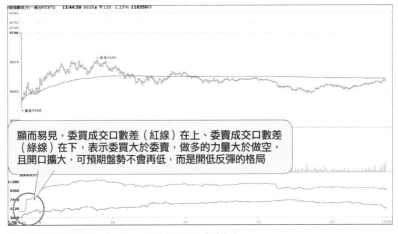

顯而易見，委買成交口數差（紅線）在上、委賣成交口數差（綠線）在下，表示委買大於委賣，做多的力量大於做空，且開口擴大，可預期盤勢不會再低，而是開低反彈的格局

註：資料日期為2018.12.10　　資料來源：XQ全球贏家

K線開低走高，第 4 根 1 分鐘 K 線則往上進入布林通道往下 1 個標準差的通道內，這些都是大盤偏多的訊號（詳見圖 4）。

以上 2 個大盤指標，都顯示出大盤 12 月 10 日開低後，再走低的機率很低，接下來應該是開低走高的格局。

從 8 點 45 分～ 9 點 05 分，要持續觀察大盤的變化，並以相對性來比較，是愈來愈強或是愈來愈弱。

圖4 **第4根K棒進入布林通道1個標準差，為偏多訊號**
──布林通道1分鐘K線圖

註：資料日期為2018.12.10　　資料來源：XQ全球贏家

　　觀察2018年12月10日台指期的委買賣成交口數差指標，在9點現貨開盤後，紅線維持在綠線之上，且紅線與綠線的開口又比8點45分開盤時擴大更多，表示9點～9點05分的盤勢，比起8點45分剛開盤時又更強（詳見圖5）。

　　而布林通道1分鐘K線在當天也是同樣走強，8點45分台指期開盤後，1分鐘K線由布林通道下方1個標準差的通道外進入布林通道內，而9點現貨開盤後，1分鐘K線已經開始進入布林通道的

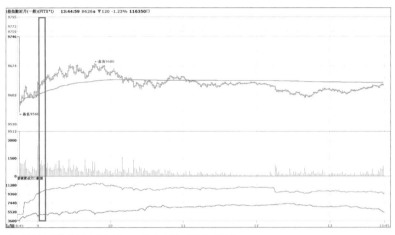

圖5 **2018年12月10日，現貨開盤後買進力道更強**
——委買賣成交口數差

註：資料日期為2018.12.10　　資料來源：XQ全球贏家

中線，在9點5分之前，1分鐘K線已經不只站上布林通道的中線，甚至直攻到布林通道上方1個標準差的通道（詳見圖6）。

當「委買賣成交口數差」、「布林通道」2個大盤指標都偏多，顯示現在做多當沖十分安全，因此應優先找做多標的，當沖其股票期貨，而且口數還可適度放大。

2. 挑強勢個股

圖6 現貨開盤後1分K站上中線，考慮適度做多
—— 布林通道1分鐘K線圖

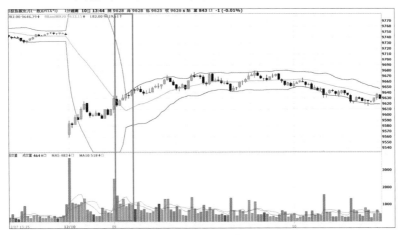

註：資料日期為2018.12.10　　資料來源：XQ全球贏家

　　確定好大盤方向將會往上，就可以來挑選會漲更多的個股了。由於 2018 年 12 月 10 日前一日美股大跌，因此台指期開盤時跳空下跌，但開低後買盤湧入，推升大盤走高，因此在挑選標的時，記得要選擇漲勢比大盤更加明顯，也就是上漲角度更大的個股。

　　可以觀察到，嘉聯益（6153）在 9 點 5 分時，開低後走高，股價上漲角度明顯比大盤更大，此時就可買進嘉聯益的股票期貨（詳見圖 7）。由於當日反彈明確，買單湧入快速，因此在漲勢快速的

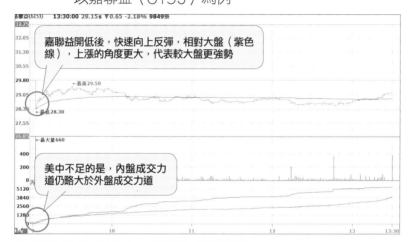

圖7 個股股價漲幅較大盤更明確，可錢進股票期貨
—— 以嘉聯益（6153）為例

嘉聯益開低後，快速向上反彈，相對大盤（紫色線），上漲的角度更大，代表較大盤更強勢

美中不足的是，內盤成交力道仍略大於外盤成交力道

註：資料日期為2018.12.10　　資料來源：XQ全球贏家

盤中可以用一個下單小撇步，就是高掛 1～2 檔，以求優先成交。當日 9 點 5 分，買進 4 口嘉聯益的股票期貨，成交在 28.45 元。

3. 留意出場點

當沖的目的只是要賺取非常短的一小波段上漲，因此有獲利就可以先出場，至於出場時機的掌握，可以觀察以下 3 個訊號：1. 個股開始以內盤成交且價格不動，甚至向下；2. 個股成交價漲不動；3. 大盤指標顯示轉弱，個股有可能受到影響不漲或向下。

圖8 出現以內盤價格成交大單，應提高警覺
——以嘉聯益（6153）為例

時間	買進	賣出	成交	單量	總量
09:06:33	28.80	28.90	28.80	11	1039
09:06:38	28.80	28.85	28.85	2	1041
09:06:43	28.80	28.85	28.85	5	1046
09:06:48	28.85	28.90	28.85	1	1047
09:06:53	28.85	28.90	28.80	124	1171
09:06:59	28.75	28.80	28.75	6	1177
09:07:04	28.75	28.80			1226
09:07:09	28.75	28.80			1264
09:07:14	28.75	28.80			1278
09:07:19	28.80	28.85			1281
09:07:24	28.80	28.85			1282
09:07:29	28.85	28.90	28.80	4	1286
09:07:34	28.80	28.90	28.85	1	1287
09:07:39	28.80	28.85	28.85	1	1288
09:07:44	28.80	28.85	28.85	1	1289
09:07:49	28.85	28.90	28.85	5	1294
09:07:54	28.80	28.85	28.85	3	1297
09:07:59	28.85	28.90	28.90	5	1302
09:08:04	28.85	28.90	28.90	9	1311

9點6分出現以內盤價格大量成交的單，但幸好價格壓回不多，可再觀察

註：資料日期為2018.12.10　資料來源：XQ全球贏家

　　買進股票期貨之後，就要開始觀察現股的交易明細，如果有以內盤價格成交的大單，且成交價格向下，投資人就要留意或許要準備出場了。

　　觀察 2018 年 12 月 10 日的嘉聯益，在 9 點 6 分時，就出現以內盤價格成交的大單，顯示有賣方不計成本地急於快速賣出，但再觀察其價格，事實上壓回不多，加上因為是剛進場，所以這時可以再稍加觀察一下，不久後價格回升，警訊解除（詳見圖 8）。

圖9 個股股價漲勢無力，立即出場
—— 以嘉聯益（6153）為例

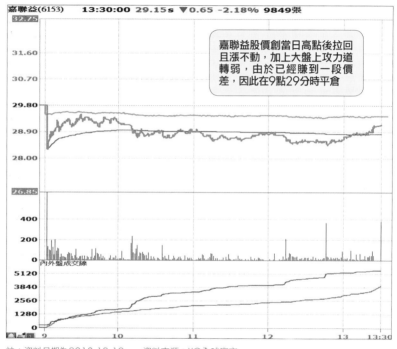

> 嘉聯益股價創當日高點後拉回
> 且漲不動，加上大盤上攻力道
> 轉弱，由於已經賺到一段價
> 差，因此在9點29分時平倉

註：資料日期為2018.12.10　　資料來源：XQ全球贏家

　　不過，若內盤成交量大、成交價格也同時壓回 2 檔以上時，應當
心是否需要快速出場，就算虧損也得要按照紀律出場。

　　等到 9 點 25 分時，我們可以看到大盤委買成交口數差向下、委

賣成交口數差向上，代表大盤即將轉弱，而且嘉聯益的現貨價格已漲不太動，此時就可以賣掉嘉聯益的股票期貨，成交在 29.25 元，1 口獲利為 1,600 元（＝（29.25 元－28.45 元）×2,000 股），1 口手續費為 20 元（買加賣為 40 元），4 口手續費共 160 元，期貨交易稅共 10 元（買加賣），實際入袋的獲利 6,230 元，若以保證金作為本金計算，報酬率高達 20.28%（詳見圖 9）。

反過來說，如果以相同價位買賣現股 8 張，以手續費 5 折計算，買進手續費 162 元、賣出手續費 166 元，當沖交易稅為 351 元（以減半稅率計），交易成本共 679 元（＝ 162 元＋ 166 元＋ 351 元），獲利只剩下 5,721 元（＝ 6,400 元－ 679 元），報酬率以買進現股的本金計算則為 2.51%。由此可見，換個金融工具進行當沖，就可多賺 509 元，且因所需本金不同，報酬率也提高不少。

3-7 籌碼當沖法盤前準備》
用自營比找出避險股

　　想當沖個股，除了買賣現貨之外，還可以利用衍生性商品 —— 股票期貨來操作，因為股票期貨有著交易成本低廉的優勢，尤其愈高價的股票，期貨的交易成本跟現貨的交易成本會差距愈大，畢竟前者是「一口價」，後者則因為固定「趴數」，當股價愈高，成本也會愈高。

　　不過，股票期貨也有一些缺點，像是一次進出就起碼是 2 張股票，沒辦法選擇只操作 1 張（詳見 tips）；而且不是每一檔股票都有對應的股票期貨，根據台灣期貨交易所公布，截至 2019 年 1 月 30 日，市場上僅有 189 檔股票期貨，而上市、上櫃的公司家數則約有 1,700 家。

　　然而，雖然股票期貨的標的僅約現貨數量的 1 成，但是，因為交易成本低，加上可以參考現貨的價格進行買賣，所以仍有不少投資

人喜歡以股票期貨來作為當沖獲利的工具。

　　跟所有交易工具一樣，想要以股票期貨當沖，策略亦相當多元，以下參考權證小哥的做法供讀者學習，其方法是以自營商避險買賣超為操作依據的「籌碼當沖法」，步驟相當簡單，盤前的功課有 2 項：

　　1. 找出「自營比絕對值 > 10%」之現貨標的，以確保有人買賣，價格易有波動。
　　2. 找出「股票期貨交易量 > 100 口」之期貨標的，以避開流動性風險。

　　這兩項功課是為了找到當沖的股票期貨標的，不過都需要等到收盤後才能確認相關資訊，因此，想參考這個策略的投資人，必須在開盤前，以前一日的資料來找出符合標準、可以進場的口袋名單。

　　也就是說，如果想在星期二操作當沖，就必須在星期二的股票期

 tips

少數高價股有小型期貨合約

一般股票期貨合約 1 口都是代表 2,000 股，也就是 2 張現股，但台灣期貨交易所針對部分高價股加掛「高價位股票期貨小型契約」，1 口代表 100 股。截至 2019 年 1 月 30 日，共有 4 檔小型契約，包含：大立光（3008）、精華（1565）、精測（6510）、環球晶（6488）。

貨、現貨開盤之前把功課做好，為了不要手忙腳亂，建議在星期一收盤後，待台灣證券交易所將「自營商買賣超彙總表」公布後，找出符合標準的現股，再進一步觀察該現股的股票期貨交易量，把隔日可以操作當沖的口袋名單找出來（詳見圖1）。

接下來，將更深入地分別介紹這兩項功課的意義，以及教你如何步驟化地完成，找出標的！

功課1》觀察權證大戶動向，找出自營商避險股

當沖，需要股價有波動，這樣投資人才能吃到價差創造出來的「肉」，什麼樣的股票會有波動呢？當然是預期有人會買賣的股票！而什麼樣的股票會有人買賣呢？除了熱門股、題材股等等，還有一種股票的交投會相當熱絡，也就是「自營商避險股」。

這要從「權證」開始說起。權證由自營商發行，當投資人看好某檔股票的後市，就買進「認購權證」，待未來股價上漲，權證價格也跟漲，投資人便可出售原先持有的權證獲利；反過來說，若是投資人看壞某檔股票的後市，便買進「認售權證」，未來股價下跌，有更多投資人會想買進這個「權利」，於是認售權證的價格會上漲，投資人便可將之出售獲利了結。

圖1 盤前做好2功課，增加當沖股票期貨勝率
——當沖股票期貨的盤前功課

◎功課1

| 觀察「現貨」 → 自營比絕對值＞10% → 確保有人買賣，價格易有波動 |

◎功課2

| 觀察「期貨」 → 股票期貨交易量＞100口 → 確保交易量夠，避開流動性風險 |

　　但是，自營商發行權證是和投資人成對作關係，也就是當投資人賺錢、自營商一定賠錢；投資人賠錢、自營商一定賺錢的關係。因此，自營商每賣出權證，就會買進或賣出權證的標的現貨做避險（詳見圖2）。

　　然而，因為權證無法當沖，不少大戶都會「隔日沖」，所以為了避險而買進現貨的自營商也就只好跟著大戶今天買、明天賣，或是今天賣、明天買，不然滿手股票對自營商來說也只有增加曝險部位而已。但因為自營商的避險動作會造就現股出現交易量，同時造成股價波動，因此觀察自營商為了避險而買進或賣出的現股，就能找出隔日哪些股票易有漲跌。

圖2 自營商賣出權證後，會買賣現股作為避險
—— 自營商避險示意圖

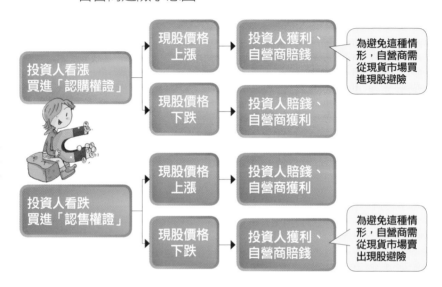

投資人需觀察的指標就是「自營比」，是自營商為了避險而買進或賣出某檔個股，占當日個股成交量的比重。計算的公式如圖3。

我們以自營比的絕對值大小，來找出隔日股價相對易有大波動的現股標的，絕對值愈大，隔日的股價就愈容易有波動。參考權證小哥的標準，只要自營比的絕對值大於 10%，就將該檔標的列入名單，接著觀察該做多還是做空。

圖3 自營比為自營商買賣超股數與個股成交股數占比
——自營比計算公式

$$自營比 = \frac{自營商避險個股買賣超股數}{個股成交股數} \times 100\%$$

　　要判斷隔日該做多還是做空，可以利用自營比的正負值來判斷。
因為當自營商今天大買超，配合大戶隔日沖的狀況下，隔天就會賣
出，使得隔天的現股遭受龐大的賣壓，股價自然容易下修；反之，
自營商今天大賣超，隔天要回補，現股就容易出現買氣，股價容易
上漲。

　　所以，當某檔個股的自營比大於 10%，表示隔日賣壓大，就做空；
當自營比為負值，且絕對值大於 10%，譬如 -11%、-15% 時，隔日
就做多（詳見圖 4）。

　　要去哪邊找出個股的自營比呢？市場上有一些付費軟體會幫投資
人計算，或者投資人也可以找出「自營商避險個股買賣超股數」以
及「個股成交股數」兩個數字，然後自行計算。這兩個數字都可以

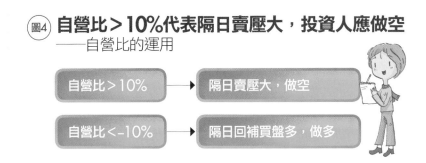

圖4 自營比＞10%代表隔日賣壓大，投資人應做空
──自營比的運用

| 自營比＞10% | → | 隔日賣壓大，做空 |
| 自營比＜-10% | → | 隔日回補買盤多，做多 |

在台灣證券交易所的網站上免費查詢（www.twse.com.tw），前者會在收盤後，約下午 4 點、5 點時公布；後者會在收盤後，約下午6 點時公布（詳見圖解教學）。

不過，想要再精進提高勝率，最好可以進一步觀察買賣的券商分點，雖然官方會公告每一檔股票買賣的券商分點，但台灣目前約有1,000 個分點，一般投資人沒辦法自行整理分點的資訊。而付費軟體通常會幫投資人整理好，透過長期觀察券商分點的進出情形，了解該大戶到底是隔日沖，還是波段單的常客，更能在判斷多空時提高勝率。

算出自營比後，接著來判斷其連結的期貨是否適合當沖，以「交易量」作為判斷的依據。

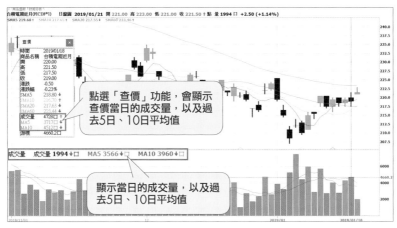

圖5　股票期貨交易量5日平均口數應＞100口
——盤前確認股票期貨交易量

點選「查價」功能，會顯示查價當日的成交量，以及過去5日、10日平均值

顯示當日的成交量，以及過去5日、10日平均值

資料來源：XQ操盤高手

功課2》近月合約＞100口，避開流動性風險

　　由於一般人都是先接觸現股才接觸期貨，所以對於期貨的交易較陌生，因此，有些股票期貨的交易量非常低。如果沒有交易量，就可能會出現流動性風險，進場後無法順利脫手，不小心就會留倉啦！

　　所以找到符合自營比的股票後，接著要確認其是否有對應的股票期貨，以及該股票期貨的交易量是否夠多，以避開流動性風險。可

圖6 近月合約的交易量多半比遠月合約大
—— 股票期貨交易量

所有期貨 \ 近二月指數期 \ 近二月設黑期	成交	買進	賣出	漲跌	漲幅%	總量	委買	委賣	昨收	內外盤比圖	歷史波動率%	未平倉
聯電期貨	11.70↑	--	--	▲0.30	+2.63	--	--	--	11.40		--	--
台積電期02	221.0=	221.0	221.5	▲2.00	+0.91	1881	131	93	219.0		--	7173
台積電期03	221.5=	221.0	221.5	▲2.00	+0.91	378	131	37	219.5		--	1600
台積電期06	221.5↓	221.0	221.5	▲2.00	+0.91	265	131	29	219.5		--	229
台積電期09	222.5	221.0	222.0	▲3.00	+1.37	1	33	46	219.5		--	45
台積電期12	--	221.0	222.0	--	--	0	31	43	220.0		--	0
台積電期近月	221.0=	221.0	221.5	▲2.00	+0.91	1881	131	93	219.0		--	7173
台積電期續月	221.5=	221.0	221.5	▲2.00	+0.91	378	131	37	219.5		--	1600
台積電期現貨	221.0↓	--	--	▲2.50	+1.14	--	--	--	218.5		--	0
富邦金期02	44.40=	44.40	44.45	▲0.20	+0.45	131	19	3	44.20		--	526
富邦金期03	44.40=	44.40	44.45	▲0.25	+0.57	66	16	66	44.15		--	104
富邦金期06	--	40.40	44.40	--	--	0	1	2	44.75		--	1
富邦金期09	--	--	44.90	--	--	0	0	2	44.75		--	0
富邦金期12	--	--	45.05	--	--	0	0	2	44.45		--	0
富邦金期近月	44.40↓	44.40	44.45	▲0.20	+0.45	131	19	3	44.20		--	526
富邦金期續月	44.40=	44.40	44.45	▲0.25	+0.57	66	16	66	44.15		--	104
富邦金期現貨	44.30↑	--	--	▲0.15	+0.34	--	--	--	44.15		--	0
台塑期02	102.5=	102.5	103.0	0.00	0.00	19	1	30	102.5		--	105
台塑期03	102.5=	102.0	103.0	▲0.50	+0.49	5	32	50	102.0		--	4
台塑期06	--	95.0	104.0	--	--	0	10	40	102.5		--	0
台塑期09	--	--	104.5	--	--	0	0	40	103.0		--	0
台塑期12	--	--	105.0	--	--	0	0	40	103.5		--	0
台塑期近月	102.5=	102.5	103.0	0.00	0.00	19	1	30	102.5		--	105
台塑期續月	102.5=	102.0	103.0	▲0.50	+0.49	5	32	50	102.0		--	4
台塑期現貨	102.5↓	--	--	0.00	0.00	--	--	--	102.5		--	0
仁寶期02	17.70↑	17.65	17.70	▲0.15	+0.85	22	51	70	17.55		--	534
仁寶期03	17.65=	17.65	17.70	▲0.05	+0.28	79	27	56	17.60		--	460
仁寶期06	--	--	17.75	--	--	0	0	40	17.70		--	30

資料來源：XQ操盤高手

以 1 日、5 日平均交易口數大於 100 口為標準（詳見圖 5）。

　　而且因為是當沖，不必考慮換倉等問題，因此交易時以「近月合約」為交易標的即可，近月合約跟現股的報價最接近，且最佳 5 檔的報價也較為連續，在正常狀況下，交易量亦比遠月合約更大，對當沖的投資人來說最為有利（詳見圖 6）。

　　想利用這個策略進行當沖，但卻覺得要找到符合自營比的標的不

容易？其實，投資人也可以反過來思考，以長期關注的個股作為當沖的交易標的，不一定要用「大海撈針」的方式，強迫自己每天要當沖。

舉例來說，假設你長期關注台積電（2330）的走勢，勢必對其股價的盤中、報價狀況較為熟悉，如果想要當沖，每天可以觀察台積電的自營比狀況，再決定隔日是否要當沖？當沖時要做多還是做空？選擇有把握的時機進場，只做勝算大的事也不錯！

圖解教學　查詢自營商買賣超股數、個股成交股數

STEP 1

要計算自營比，需要知道「自營商避險個股買賣超股數」以及「個股成交股數」，可利用台灣證券交易所（www.twse.com.tw）網站免費查詢，並自行計算。步驟如下：

進入台灣證券交易所的首頁後，游標移至❶「交易資訊」，接著點選❷「3大法人」、❸「自營商買賣超彙總表」。

STEP 2

進入下個頁面後，選擇❶「查詢日期」，並按下「查詢」，就能在畫面中看到❷「自營商（避險）」的欄位，點選❸「CSV下載」，就可以將這份資料下載至電腦，並以Excel開啟，方便接下來的計算。

STEP 3

下載完成後，打開檔案，會看到畫面中有❶「自營商（自行買賣）」、❷「自營商（避險）」以及❸「自營商」3大項目，為了方便閱讀和排序，可將用不到的「自營商（自行買賣）」和「自營商」2大項目資料以及其他雜訊刪除。

	A	B	C	D	E	F	G	H	I	J	K
1	108年01月18日 自營商買賣超彙總表		❶				❷			❸	
2			自營商(自行買賣)			自營商(避險)			自營商		
3	證券代號	證券名稱	買進股數	賣出股數	買賣超股數	買進股數	賣出股數	買賣超股數	買進股數	賣出股數	買賣超股數
4	00637L	元大滬深	1,172,000	81,000	1,091,000	70,665,000	36,660,000	34,005,000	71,837,000	36,741,000	35,096,000
5	00672L	元大S&P	200,000	0	200,000	18,422,000	4,530,000	13,892,000	18,622,000	4,530,000	14,092,000
6	00633L	富邦上証	942,000	84,000	858,000	11,439,093	6,026,000	5,413,093	12,381,093	6,110,000	6,271,093
7	087959	上証2X永	0	0	0	5,549,000	133,000	5,416,000	5,549,000	133,000	5,416,000
8	00655L	國泰中國	11,000	36,000	-25,000	7,870,000	2,611,000	5,259,000	7,881,000	2,647,000	5,234,000
9	05255P	台積電群	0	0	0	4,815,000	509,000	4,306,000	4,815,000	509,000	4,306,000
10	05800P	台積電群	0	0	0	4,948,000	1,117,000	3,831,000	4,948,000	1,117,000	3,831,000
11	030550	上証2X永	0	0	0	4,207,000	485,000	3,722,000	4,207,000	485,000	3,722,000
12	04580P	台積電群	0	0	0	2,978,000	140,000	2,838,000	2,978,000	140,000	2,838,000
13	3037	欣興	1,798,000	136,000	1,662,000	1,150,000	214,000	936,000	2,948,000	350,000	2,598,000
14	031339	微星群益	0	0	0	2,897,000	391,000	2,506,000	2,897,000	391,000	2,506,000
15	031732	微星元富	0	0	0	2,452,000	72,000	2,380,000	2,452,000	72,000	2,380,000
16	078652	國巨統一	0	0	0	2,096,000	0	2,096,000	2,096,000	0	2,096,000
17	033675	滬深2X中	0	0	0	1,948,000	0	1,948,000	1,948,000	0	1,948,000
18	033620	滬深2X凱	0	0	0	1,896,000	10,000	1,886,000	1,896,000	10,000	1,886,000
19	030546	滬深2X國	0	0	0	1,854,000	0	1,854,000	1,854,000	0	1,854,000

	A	B	C	D	E	F	G	H	I
1	證券代號	證券名稱	買進股數	賣出股數	買賣超股數				
2	00637L	元大滬深	70,665,000	36,660,000	34,005,000				
3	00672L	元大S&P	18,422,000	4,530,000	13,892,000				
4	00633L	富邦上証	11,439,093	6,026,000	5,413,093				
5	087959	上証2X永	5,549,000	133,000	5,416,000				
6	00655L	國泰中國	7,870,000	2,611,000	5,259,000				
7	05255P	台積電群	4,815,000	509,000	4,306,000				
8	05800P	台積電群	4,948,000	1,117,000	3,831,000				
9	030550	上証2X永	4,207,000	485,000	3,722,000				
10	04580P	台積電群	2,978,000	140,000	2,838,000				
11	3037	欣興	1,150,000	214,000	936,000				
12	031339	微星群益	2,897,000	391,000	2,506,000				
13	031732	微星元富	2,452,000	72,000	2,380,000				
14	078652	國巨統一	2,096,000	0	2,096,000				
15	033675	滬深2X中	1,948,000	0	1,948,000				
16	033620	滬深2X凱	1,896,000	10,000	1,886,000				
17	030546	滬深2X國	1,854,000	0	1,854,000				
18	033828	可成亞東	2,100,000	265,000	1,835,000				
19	030274	微星群益	2,442,000	608,000	1,834,000				
20	089643	台積電元	1,900,000	105,000	1,795,000				
21	03069X	元展64	1,754,000	0	1,754,000				
22	0056	元大高股	1,692,000	0	1,692,000				

接續
下頁

接著利用Excel的排序功能，將「買賣超股數」進行排序。先點選欲排序的欄位，即E欄「買賣超股數」，將滑鼠移到❶「E」的位置，就可以選取整欄，然後點選上方工具列的❷「排序與篩選」、❸「從最小到最大排序」，並於新出現的對話框選擇❹「將選取範圍擴大」，並點擊❺「排序」以完成排序。

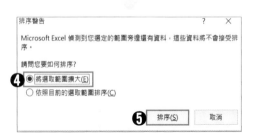

STEP 5

撤除ETF和權證，就能找到當日自營商為避險大賣的個股。可發現❶
「旺宏（2337）」為當日自營商避險大賣超的第1名，賣超113萬
股。如果要找買超的個股，只要重複Step 4，將排序改為「從最大到
最小排序」即可。

	K23	▼	:	×	✓	fx		
	A	B	C	D	E	F	G	H
1	證券代號	證券名稱	買進股數	賣出股數	買賣超股數			
2	00677U	富邦VIX	88,000	15,643,000	-15,555,000			
3	00632R	元大台灣50反1	4,534,000	18,581,000	-14,047,000			
4	00669R	國泰美國道瓊反1	122,000	3,333,000	-3,211,000			
5	032421	可成國泰85購02	630,000	2,981,000	-2,351,000			
19	033931	晶電統一8A購01	0	1,360,000	-1,360,000			
20	032240	三ٰ光統一87購	261,000	1,599,000	-1,338,000			
21	03101	創意研　　購01	121,000	1,3　,000	-1,2			
22	05631P	元油2X國票89售01	25,000	1,243,000	-1,218,000			
23	030851	聯詠群益84購06	345,000	1,545,000	-1,200,000			
	❶ 2337	旺宏	481,000	1,611,000	-1,130,000			
25	033277	京元電元富86購01	399,000	1,468,000	-1,069,000			
26	05552P	元上證群益86售01	0	1,068,000	-1,068,000			

STEP 6

接著查詢個股成交股數。回到台灣證券交易所首頁，點選❶「交易資
訊」、❷「盤後資訊」、❸「個股日成交資訊」。

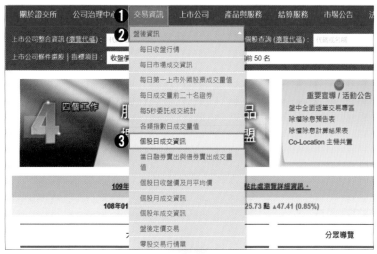

接續
下頁

STEP
7
進入下個頁面後，輸入欲查詢的❶「股票代碼」，此處仍以旺宏為例，輸入「2337」後按下❷「查詢」，畫面就會顯示旺宏當月每日的成交資訊，即可看到「成交股數」。1月18日旺宏成交股數為❸「19,101,388」。

STEP
8
回到Excel進行運算，將成交股數❶「19,101,388」貼上，並輸入公式❷「＝E24/F24」，點選上方選單❸「％」，即可算出當日旺宏的自營比為❹「-6％」。

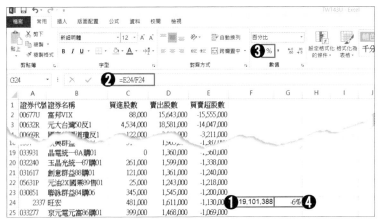

資料來源：台灣證券交易所

3-8 籌碼當沖法盤中操作》 觀察3標準增加獲利機率

　　找出「自營比」絕對值大於 10%，並藉由正負值判斷多空方向，接著找到對應的股票期貨，且近 1 日、近 5 日的成交量都大於 100 口的期貨標的後，就可以建立隔日當沖的口袋名單。

　　不過，並不是口袋名單裡的每一檔股票期貨都適合當沖，仍要觀察當天的開盤狀況，才能確保獲利的機率大過於虧損的機率。要觀察什麼標準才能提高勝率呢？延續參考權證小哥的做法，要確定是否能進場當沖，應確認口袋名單的「現貨漲跌幅」、「正、逆價差」和「委買、委賣價差比」狀況（詳見圖 1），標準為：

　　1. 若要做多，現貨漲幅不應超過 2%；若要做空，現貨跌幅不超過 2%。
　　2. 現貨與期貨正、逆價差幅度不要超過 1%。
　　3. 股票期貨的委買、委賣報價，價差比在 0.6% 以下。

基本上，8 點 45 分期貨開盤、9 點整現貨開盤，利用 1 分鐘內的時間確認完上述 3 項標準都符合後，就可以下單布局了。接著，分別詳細介紹 3 項標準的觀察方式。

觀察1》若現貨股價已反映，進場易被套牢

現貨開盤後，觀察欲操作標的。假設要做多，開盤價漲幅不要超過昨日 2%；假設要做空，則開盤價不要低於昨日 2%。若不符合標準，後面的 2 項標準就都可以不用觀察，直接放棄操作這檔個股的股票期貨。

直接放棄的原因在於，因為股票期貨與現股的價格亦步亦趨，所以假設今天要做多，但現股一開盤股價就已經反映完，股票期貨亦然，此時進場，可能是買在今日最高點。

反過來說，要做空，現股一開盤股價先跌了一大段，此時賣出股票期貨放空，後續因為超跌，而低檔承接的投資人變多，就會被軋空而不得不停損。

所以，為了避免損失，當不符合現貨漲跌幅 2% 的標準時，保守起見就不要進場。如果股價未反映，則接著觀察後續 2 項標準。

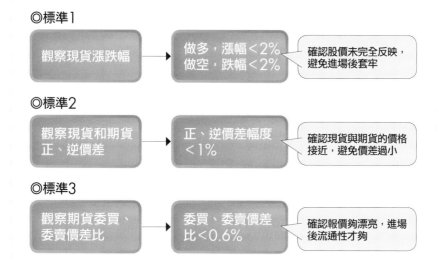

圖1 盤中觀察3標準，確保價差、流通性足夠
——當沖股票期貨的盤中功課

◎標準1

| 觀察現貨漲跌幅 | → | 做多，漲幅＜2%
做空，跌幅＜2% | 確認股價未完全反映，
避免進場後套牢 |

◎標準2

| 觀察現貨和期貨
正、逆價差 | → | 正、逆價差幅度
＜1% | 確認現貨與期貨的價格
接近，避免價差過小 |

◎標準3

| 觀察期貨委買、
委賣價差比 | → | 委買、委賣價差
比＜0.6% | 確認報價夠漂亮，進場
後流通性才夠 |

觀察2》正、逆價差幅度應＜1%，避免無利差

現貨與期貨畢竟是兩個不同的交易市場，同一檔股票，其現貨與期貨的價格雖然走勢貼近，但不免會產生價差，當兩者之間的價格不同，即產生所謂的正、逆價差。

計算的方式為「期貨價格－現貨價格」，計算出來為正值時，即

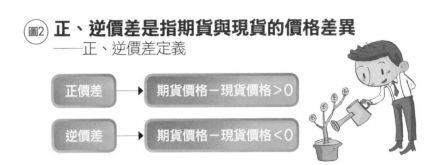

圖2 正、逆價差是指期貨與現貨的價格差異
——正、逆價差定義

正價差 ➝ 期貨價格－現貨價格＞0

逆價差 ➝ 期貨價格－現貨價格＜0

為「正價差」，表示期貨價格高於現貨價格；計算出來為負值時，即為「逆價差」，表示期貨價格低於現貨價格（詳見圖2）。

　　假設今天當沖股票期貨要做多，投資人應該放棄正價差太大的標的，因為正常來説，現貨與期貨的價格會相近，如果現股每股50元，後來漲至每股53元，那麼期貨通常也只會漲至53元，或頂多因為真的有許多投資人看好後市搶進，造成期貨比現股多跳動2、3檔，來到53.1元～53.2元。如果進場做多時，現股每股50元，期貨報價已來到51元，那麼價差的「肉」就縮水了。

　　而且，萬一現股只漲至每股51元，而投資人股票期貨也買在每口51元，恐怕不僅沒有獲利，還要賠上手續費和期交税，等於白忙一場。

圖3 做多時，避開正價差幅度＞1%的標的
——正、逆價差幅度標準

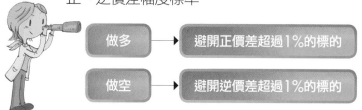

| 做多 | → | 避開正價差超過1%的標的 |
| 做空 | → | 避開逆價差超過1%的標的 |

　　不過，想要做多時，並不是每一檔正價差的股票期貨都不能操作，也許真的很多人看好，而使得期貨價格高於現貨價格，但風險大、利潤也要大，總不能風險大、利潤小，所以為了避免能吃到的「肉」太少，或甚至沒有「肉」，當沖股票期貨做多時，建議避開正價差幅度超過 1% 的標的（詳見圖 3）。

　　反之，假設今天當沖股票期貨要做空，為避免期貨已經提前反映而超跌，使得價差變小或無價差，建議投資人應避開逆價差幅度超過 1% 的標的。正、逆價差幅度的計算公式為「（期貨價格－現貨價格）÷ 現貨價格 ×100%」（詳見圖 4）。

　　舉例來說，2019 年 1 月 22 日收盤，國泰金（2882）現股收在每股 44.2 元，國泰金期近月（期貨合約）收在 44.05 元，期貨

價格低於現貨價格，為逆價差，不過逆價差幅度僅 0.3%（＝（44.05 元－ 44.2 元）÷44.2 元 ×100%）。

再舉一個例子，2019 年 1 月 22 日收盤，中壽（2823）每股收 27 元，中壽期近月收在 27.25 元，期貨價格高於現貨價格，為正價差，且正價差達 0.9%（＝（27.25 元－ 27 元）÷27 元 ×100%）。

假設 1 月 22 日收盤後，欲找隔日當沖之股票期貨標的，國泰金與中壽都被列入口袋名單內，而國泰金要做空、中壽要做多。若 1 月 23 日開盤，國泰金及其股票期貨、中壽及其股票期貨皆以 1 月 22 日的收盤價開出，雖然中壽的正價差幅度仍低於標準 1%，但相較之下，不如當沖國泰金做空，勝率應較當沖做多中壽更高。

所以，當手上有數檔當沖的口袋名單時，不一定要以 1% 為標準，可將各標的相互比較，要做多時，找出逆價差，或是正價差幅度最小的標的；做空時，找出正價差，或是逆價差幅度最小的標的操作。

觀察3》委買、委賣報價有連續性，流通性較佳

除了現貨和期貨之間要有價差的「肉」之外，同時，也要觀察期

圖4　正、逆價差幅度為期貨價格與現貨價格的價差比
——正、逆價差幅度計算公式

$$\boxed{\text{正、逆價差幅度}} = (\boxed{\text{期貨價格}} - \boxed{\text{現貨價格}}) / \boxed{\text{現貨價格}} \times 100\%$$

貨的委買、委賣報價，兩者愈接近愈好，當兩者愈接近，表示當天該股票期貨的流通性愈佳。雖然盤前已經觀察過該股票期貨的近1日、近5日成交量都大於100口，但畢竟那是「過去式」，為確保今日進場後能順利當沖出場，因此當日開盤後仍需注意委買、委賣的價差比。

透過圖5，也可以觀察到交易量與價差比之間的關係，通常股票期貨的交易量愈少，其委買、委賣的報價價差就會愈大，兩者基本上呈現反向關係，且不論是現貨、近月合約，還是遠月合約的狀況都是如此。

委買、委賣價差比的計算公式為「（委賣價－委買價）÷委買價×100%」（詳見圖6），建議委買、委賣的價差比要在0.6%以下，

圖5 通常交易量愈大的標的，委買、委賣價差比愈小
—— 股票期貨交易量與價差比的關係

商品	成交	買進	賣出	漲跌	漲幅%	總量	委買	委賣	近收	內外盤比圖	歷史波動率%	未平倉
>>南亞期02	76.2s	75.5	76.5	▲0.20	+0.26	13	1	1	76.0		--	97
南亞期03		75.4	76.4			0	1	1	76.3		--	10
南亞期現貨	76.4s					--			76.0		--	--
中鋼期02	24.95s	24.90	25.00			81	1	1	24.95		--	401
中鋼期03	24.9	24.90	24.95			39	2	1	25.00		--	55
中鋼期現貨						--			25.05		--	--
聯電期02		11.60	11.70			787	30	6	11.65		--	994
聯電期03		11.55	11.70	▼0.05	-0.43	192	30	6	11.70		--	602
聯電期現貨				0.00	0.00	--			11.70		--	--
台積期02		221.5	222.0	▲1.50	+0.68	3683	52	72	220.5		--	6305
台積期03	222.0s	221.5	222.5	▲1.50	+0.68	1453	67	144	220.5		--	2728
台積期現貨	223.0s					--			221.0		--	--
富邦金期02	44.35s	44.30	44.35			77	1	1	44.40		--	549
富邦金期03	44.35	44.25	44.35			61	11	1	44.40		--	187
富邦金期現貨	44.25s					--			44.30		--	--
台塑期02	102.0s	102.0	103.0			15	4	1	102.5		--	110
台塑期03		102.0	103.0			0	1	1	102.5		--	9
台塑期現貨	103.0s			▲0.50	+0.49	--			102.5		--	--
仁寶期02	17.70s	17.65	17.70	0.00	0.00	21	1	3	17.70		--	537
仁寶期03	17.70s	17.65	17.75	0.00	0.00	25	19	4	17.70		--	549
仁寶期現貨	17.65s					--			17.65		--	--
友達期02	12.25s	12.25	12.30	▼0.20	-1.61	195	17	26	12.45		--	731
友達期03	12.25s	12.20	12.30	▼0.15	-1.21	90	27	63	12.45		--	156
友達期現貨	12.30s			▼0.15	-1.20	--			12.45		--	--
華南金期02	18.20s	18.05	18.25	▼0.05	-0.27	1	1	1	18.25		--	93
華南金期03		18.00	18.30			0	1	1	18.30		--	0
華南金期現貨	18.20s			0.00	0.00	--			18.20		--	--
國泰金期02	44.05s	44.00			+0.23	112	1	3	43.95		--	833
國泰金期03	44.10s	44.00			+0.57	6	1	3	43.85		--	100
國泰金期現貨	44.20s				+0.91	--			43.80		--	--
兆豐金期02	26.40s	26.40			+0.57	130	1	1	26.25		--	264
兆豐金期03	26.30s	26.35	26.45		+0.38	44	4	1	26.20		--	61
兆豐金期現貨	26.45s			▲0.20	+0.76	--			26.25		--	--

> 差價比為 1.3%
> 差價比為 0.4%
> 差價比為 0.2%
> 差價比為 1.2%

註：資料日期為2019.01.22　　資料來源：XQ操盤高手

若超過此標準，投資人寧可不進場，也不要進場之後無法順利平倉。

舉例來說，今日欲當沖上銀（2049）的股票期貨，假設在現股開盤，確認漲跌幅，以及現貨與期貨的正、逆價差幅度符合標準後，觀察上銀的股票期貨，其委買報價為240.5元、委賣報價為241元，其價差比即為0.2%（＝（241元－240.5元）÷240.5元×100%），那麼就可以進場操作。

圖6 計算委買、委賣價差比，可觀察是否仍有利差
——委買、委賣價差比計算公式

$$委買、委賣價差比 = (委賣價 - 委買價) / 委買價 \times 100\%$$

　　不過，若現股開盤時，觀察上銀的股票期貨報價，發現委買報價為 240.5 元、委賣報價為 242 元，價差比達 0.6%（＝（242 元－240.5 元）÷240.5 元 ×100%），此時，不論投資人要做多或是做空，都不要衝動進場，因為流通性不足，「有行無市」只是紙上富貴。

　　補充一點，委買、委賣的報價就是「最佳 5 檔」，以手機的看盤系統畫面來說，就是觀察委買和委賣最上方的報價（詳見圖 7）。

　　為配合權證大戶的習慣，自營商也是在隔日一早沖銷，因此，現貨開盤後，若上述 3 項標準都符合，投資人就可以進場當沖了！由於已經確認過現貨和期貨的狀況，等於是有「肉」又有交易量，因此可以直接以市價委託下單。

圖7 觀察最佳5檔最上方的報價，即可算出價差比
── 委買、委賣的最佳5檔報價

欲觀察委買、委賣的價差比，直接觀察委買、委賣「最佳5檔」最上方的報價即可

資料來源：三竹資訊

否則，很容易欲做多當沖，卻因為掛低、等成交而錯失進場機會；欲做空，掛高等不到賣出，等到股價開始往你預想的方向波動時，很容易追價而成交，這樣反而容易虧損。

觀察現股K線圖，急漲、急跌爆大量就賣出

觀察盤中的股價、股票期貨走勢時，可以使用 1 分鐘或 5 分鐘的

K線圖，但因為現股的交易量普遍較對應的股票期貨更大，故可以觀察現股的技術分析來找出股票期貨平倉的時機點。

平倉時機在於急漲或急跌爆大量的時候，舉例來說，假設一早進場放空股票期貨，價格如預期一路下跌，但是當價位在低檔、且成交量突然暴增，出現賣盤竭盡的狀況時，就停利平倉出場。若進場做多，價格上漲，但在高檔爆大量，出現買盤竭盡時，就停利平倉出場。

不過，因為每一檔股票的股性不同，急漲或急跌爆大量的標準也不同，這方面只能多看，憑經驗操作。

如果是新手，也可以把握「有賺就跑」的原則，不要貪心，靠著每日累積小額的獲利，也能替自己加薪不少。且長期累積實戰經驗後，更能抓準個股的股性，找到最佳的出場時機。

3-9 | 籌碼當沖法實戰演練》做空TPK-KY、大同

想要參考自營比等標準來操作股票期貨，盤前要做的功課有 2 項，包含確認自營比、股票期貨的交易口數，開盤後要立即確認的標準則有 3 項，包含現貨漲跌幅、現貨與期貨的正、逆價差幅度，以及期貨的委買、委賣價差比。

圖 1 先簡單複習一下完整的操作流程，讓接下來的實戰演練更為順暢。

接著，我們舉 2 個股票期貨當沖實戰的案例，供讀者參考。

做空案例1》TPK-KY（3673）

在 2019 年 1 月 16 日收盤後，觀察自營商避險買賣超股數，發現自營商為了避險而買超 TPK-KY（3673）達 111 萬 3,000 股

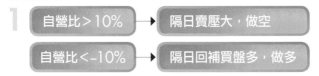

圖1 盤前、盤中按照當沖股票期貨的**SOP投資**
——當沖股票期貨的盤前、盤中、出場流程

◎盤前作業

1
| 自營比＞10% | → | 隔日賣壓大，做空 |

| 自營比＜-10% | → | 隔日回補買盤多，做多 |

2
| 股票期貨近1日、5日平均交易口數＞100口 |

◎盤中作業

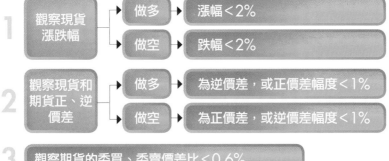

1
觀察現貨
漲跌幅
→ 做多 → 漲幅＜2%
→ 做空 → 跌幅＜2%

2
觀察現貨和
期貨正、逆
價差
→ 做多 → 為逆價差，或正價差幅度＜1%
→ 做空 → 為正價差，或逆價差幅度＜1%

3
| 觀察期貨的委買、委賣價差比＜0.6% |

◎出場

| 不論做多、做空，急漲或急跌爆大量時出場 |

（詳見圖2），接著，一樣利用台灣證券交易所的資訊，查得當日TPK-KY 的個股成交量為 443 萬 6,924 股（詳見圖3），計算出

圖2 自營商為避險，買超TPK-KY達111萬3000股
——TPK-KY（3673）買賣超股數

1	證券代號	證券名稱	買進股數	賣出股數	買賣超股數
38	030567	T50反1凱	1,139,000	0	1,139,000
39	031586	元油2X元	1,126,000	0	1,126,000
40	032084	T50反1元	1,446,000	322,000	1,124,000
41	3673	TPK-KY	1,148,000	35,000	1,113,000
42	089430	百和元大	1,739,000	646,000	1,093,000
43	00642U	元大S&P	1,078,000	8,000	1,070,000
44	081697	綠悅元大	1,098,000	42,000	1,056,000
45	088208	僑鴻統一	1,161,000	116,000	1,045,000
46	034105	強茂群益	2,244,000	1,207,000	1,037,000
47	05558P	玉晶光群	1,195,000	162,000	1,033,000
48	030085	國巨兆豐	1,075,000	59,000	1,016,000
49	032012	聚陽統一	1,108,000	94,000	1,014,000
50	087512	國巨群益	1,008,000	0	1,008,000
51	033323	華通國票	1,007,000	0	1,007,000
52	03010P	華新科元	998,000	0	998,000
53	04129P	華新科兆	999,000	1,000	998,000

註：資料日期至2019.01.16　　資料來源：台灣證券交易所

其自營比高達 25%（＝（111 萬 3,000 股 ÷443 萬 6,924 股）×100%）。

再來，確認 TPK-KY 有對應的股票期貨，且 1 月 16 日的交易口數為 212 口、5 日平均口數為 250 口，皆大於 100 口（詳見圖 4），流動性充足，因此將 TPK-KY 的期貨列入隔日當沖做空的口袋名單。

隔日 9 點鐘現貨開盤，先觀察現貨的漲跌幅，因為要做空，所以

圖3 查詢TPK-KY成交股數，以計算自營比
——TPK-KY（3673）成交股數

108年01月 3673 TPK-KY 各日成交資訊

單位：元、股

日期	成交股數	成交金額	開盤價	最高價	最低價	收盤價	漲跌價差	成交筆數
108/01/02	2,623,884	125,260,626	48.90	48.90	47.20	47.50	-0.80	1,674
108/01/03	4,261,325	199,186,492	47.40	47.40	46.30	46.60	-0.90	2,879
108/01/04	10,173,016	482,730,324	46.10	48.75	45.55	48.50	+1.90	5,708
108/01/07	11,531,036	580,712,657	49.00	51.20	49.00	50.30	+1.80	6,494
108/01/08	4,787,492	241,888,396	50.40	51.20	49.85	50.60	+0.30	2,813
108/01/09	6,373,751	328,126,548	51.40	51.90	51.10	51.60	+1.00	4,117
108/01/10	2,203,349	112,932,133	51.60	51.60	50.90	51.20	-0.40	1,368
108/01/11	8,036,802	417,620,961	52.00	53.20	50.60	50.70	-0.50	4,556
108/01/14	2,593,395	130,627,808	50.30	50.90	50.10	50.50	-0.20	1,603
108/01/15	1,949,105	99,162,512	50.80	51.50	50.40	50.70	+0.20	1,199
108/01/16	4,436,924	227,607,861	50.90	51.80	50.50	51.80	+1.10	2,286

資料來源：台灣證券交易所

TPK-KY 的股價最好上漲或是下跌不超過 2%。在 2019 年 1 月 16 日，TPK-KY 收盤價為每股 51.8 元、隔日開盤價為每股 51.3 元，雖然已先下跌，但較昨日收盤價跌幅僅約 1%（（51.8 元 –51.3 元）/51.3 元 ×100%），還在可以接受的範圍內。

接著，盤中第 2 項功課，觀察現貨和期貨的正、逆價差幅度。現貨開盤每股為 51.3 元，而 TPK-KY 的股票期貨在 9 點鐘時，其價格為 51.8 元。股票期貨價格高於現貨，為正價差，符合做空時，要

圖4 TPK-KY股票期貨的交易量皆＞100口
——TPK-KY期近月（FIJNF＊1）日線圖

資料來源：XQ全球贏家

找「正價差，或是逆價差幅度＜1%」的標準。最後觀察TPK-KY的股票期貨其委買、委賣的價差比在0.6%以下，就可直接進場放空。

初期，投資人若對判斷標準跟SOP較不熟悉，可以做出如表1的表格，在確認盤前、盤中的每項標準時，可以寫下觀察的紀錄，加強自己的流暢度和熟悉度，如果各項標準都符合，就可以進場布局。

進場後，觀察TPK-KY現貨的5分鐘K線圖，隨時注意急漲或急

表1　建立確認表格，幫助操作更快上手
　　——以TPK-KY（3673）為例

標準			紀錄	是否符合標準
盤前	自營比	> 10%（做空） < -10%（做多）	25%	✔
	期貨交易口數	1日　> 100口	212口	✔
		5日　> 100口	250口	✔
操作方向			做空〇	做多✗
盤中	現貨漲跌幅	漲幅< 2% 跌幅< 2%	-1%	✔
	現貨與期貨正、逆價差幅度	< 1%	正價差	✔
	期貨委買、委賣價差比	< 0.6%	符合	✔

跌爆大量的狀況，以隨時出場。

在10點10分至10點15分出現急跌的實體大黑K棒，而且，以當日的狀況來看，股價已經下修一段（詳見圖5），加上成交量暴增，有可能是看漲的投資人欲低檔承接，因此做空可選擇平倉，獲利了結。

TPK-KY的現貨在該根K棒，其收盤價和最低價皆為每股49.75元；

而 TPK-KY 的股票期貨，同時段的 K 棒，亦同樣爆大量，而其收盤價為 49.9 元、最低為 49.75 元。若在 9 點鐘時，以 51.8 元進場放空 TPK-KY 的股票期貨，回補在 49.75 元，可賺得 2.05 元的價差，就算手腳慢一些，回補在 49.9 元，亦有 1.9 元的價差。

以 13.5% 的原始保證金來計算，操作 1 口 TPK-KY 股票期貨，放空在 51.8 元，投入之原始保證金為 1 萬 3,986 元（＝ 51.8 元×2,000 股×13.5%），若賺到 2.05 元的價差，在不計手續費與期交稅的狀況下，等於獲利 4,100 元，報酬率達 29%；若賺得 1.9 元的價差，同樣在不計手續費與期交稅的狀況下，獲利為 3,800 元，報酬率也有 27%。

做空案例2》大同（2371）

在 2018 年 12 月 17 日收盤後，同樣觀察自營商避險買賣超股數，發現自營商為避險而買超大同（2371）1,146 萬 6,000 股（詳見圖 6），而當日大同成交的股數為 7,800 萬 4,093 股（詳見圖 7），算出其自營比約為 15%（（1,146 萬 6,000 股÷7,800 萬 4,093 股）×100%）。

確認自營比符合條件後，接著確認大同的股票期貨之交易口數，

圖5 TPK-KY現股出現急跌爆大量，期貨做空可出場

—— TPK-KY（3673）5分鐘圖

—— TPK-KY期近月（FIJNF*1）5分鐘圖

資料來源：XQ全球贏家

圖6 自營商為避險，買超大同1146萬6000股
—— 大同（2371）買賣超股數

	證券代號	證券名稱	買進股數	賣出股數	買賣超股數
1					
2	2371	大同	11,907,000	441,000	11,466,000
3	030547	華新科凱	2,598,000	201,000	2,397,000
4	00677U	富邦VIX	3,132,000	942,000	2,190,000
5	030116	台灣50凱	2,126,000	7,000	2,119,000
6	087692	臺股指期	2,128,000	10,000	2,118,000
7	077028	上銀統一	2,062,000	0	2,062,000
8	032141	京元電第	2,375,000	340,000	2,035,000
9	081504	台灣50元	1,619,000	0	1,619,000
10	08358P	大同兆豐	1,533,000	0	1,533,000
11	088838	台達電元	1,951,000	463,000	1,488,000
12	080976	台灣50元	1,332,000	0	1,332,000
13	08658P	大同元大	1,301,000	11,000	1,290,000
14	08065P	祥碩元大	1,208,000	0	1,208,000
15	031721	可成永昌	1,383,000	200,000	1,183,000

註：資料日期至2018.12.17　　資料來源：台灣證券交易所

2018年12月17日交易口數達1萬3,769口，近5日平均為5,610口（詳見圖8），流動性無虞。因此將大同的股票期貨列入隔日當沖做空的口袋名單。

2018年12月18日，9點現貨開盤，依序觀察現貨的漲跌幅、現貨和期貨的正、逆價差幅度以及期貨的委買、委賣價差比。

12月17日，大同收盤價為每股34元，隔日開盤，為每股33.45元，雖然已較昨日下跌1.6%（＝（33.45元－34元）

圖7　查詢大同成交股數，以計算自營比
——大同（2371）成交股數

107年12月 2371 大同 各日成交資訊

單位：元、股

日期	成交股數	成交金額	開盤價	最高價	最低價	收盤價	漲跌價差	成交筆數
107/12/03	37,371,149	1,481,009,704	40.50	40.50	38.90	39.55	-0.95	13,447
107/12/04	19,994,936	789,874,737	39.75	40.20	38.70	38.80	-0.75	7,693
107/12/05	19,123,174	734,481,726	38.60	39.20	38.00	38.05	-0.75	6,989
107/12/06	23,855,984	888,907,231	38.20	38.20	36.70	37.15	-0.90	8,547
107/12/07	16,485,325	613,593,451	37.50	37.75	36.95	36.95	-0.20	5,383
107/12/10	17,840,480	641,703,668	36.35	36.60	35.45	35.70	-1.25	6,393
107/12/11	20,219,694	747,253,656	35.95	37.70	35.90	37.25	+1.55	8,089
107/12/12	16,753,185	618,401,428	37.35	37.50	36.40	37.15	-0.10	5,636
107/12/13	15,752,934	573,846,039	37.25	37.30	35.85	35.95	-1.20	5,482
107/12/14	20,781,698	673,608,308	32.40	32.55	32.40	32.40	-3.55	4,352
107/12/17	78,004,093	2,504,051,324	30.05	34.20	30.00	34.00	+1.60	22,258

資料來源：台灣證券交易所

圖8　2018年12月17日大同股票期貨成交量破萬口
——大同期近月（FICXF＊1）日線圖

資料來源：XQ全球贏家

(表2) 利用表格確認符合標準，便能進場操作
——以大同（2371）為例

標準			紀錄	是否符合標準
盤前	自營比	> 10%（做空） < -10%（做多）	15%	✓
	期貨交易口數 1日	> 100 口	13,769 口	✓
	期貨交易口數 5日	> 100 口	5,610 口	✓
操作方向			做空 ○	做多 ✗
盤中	現貨漲跌幅	漲幅 < 2% 跌幅 < 2%	-1.6%	✓
	現貨與期貨正、逆價差幅度	< 1%	正價差	✓
	期貨委買、委賣價差比	< 0.6%	符合	✓

÷34 元 ×100%），但仍在 2% 的接受範圍內；而期貨在 2018 年 12 月 18 日 9 點的價格為 33.5 元，比現貨高，為正價差；期貨的委買、委賣價差比亦在標準內。觀察盤中的 3 項標準都符合標準（詳見表 2），便能進場放空。

進場後，持續以大同現貨的 5 分鐘 K 線圖關注盤勢，在 9 點 20 分出現急跌，且成交張數爆量的狀況（詳見圖 9），準備在該根 K 線的收盤前出場，即 9 點 25 分以前要平倉。

圖⑨ 觀察大同現貨出現急跌爆大量，期貨可平倉

——大同（2371）5分鐘圖

——大同期近月（FICXF＊1）5分鐘圖

資料來源：XQ全球贏家

大同的現貨在該根 K 線的最低價為每股 32.75 元、收盤價為每股 32.95 元；期貨同一個時段的 K 線，最低價為 32.85 元、收盤價為 33 元。

假設在 9 點時，以大同的股票期貨價格 33.5 元放空 1 口，在 9 點 20 分至 9 點 25 分間，以 32.85 元回補，價差為 0.65 元，在不計手續費和期交稅的狀況下，1 口股票期貨可賺得 1,300 元；若是在 33 元平倉，則有 0.5 元的價差，在不計手續費和期交稅下，1 口股票期貨可賺得 1,000 元。一開始投入的原始保證金為 9,045 元（＝33.5 元 ×2,000 股 ×13.5%），換算報酬率都在 1 成以上，分別為 14%、11%。

國家圖書館出版品預行編目資料

人人都能學會股票當沖全圖解 /《Smart智富》真‧投資
研究室著. -- 一版. -- 臺北市：Smart智富文化, 城邦文化,
2019.02
　面； 　公分. --（人人都能學會；11）
ISBN 978-986-97152-6-3（平裝）

1.股票投資 2.投資技術 3.投資分析

563.53　　　　　　　　　　　　　　　　108000509

Smart 智富
人人都能學會股票當沖 全圖解

作者	《Smart 智富》真‧投資研究室
企畫	呂郁青、林帝佑、陳君行、蔡名傑
商周集團	
執行長	郭奕伶
總經理	朱紀中
Smart 智富	
社長	林正峰
總編輯	劉萍
總監	楊巧鈴
編輯	邱慧真、施茵曼、王容瑄、張乃偵、陳婕妤、陳婉庭
	蔣明倫、劉鈺雯
資深主任設計	張麗珍
版面構成	林美玲、廖洲文、廖彥嘉
出版	Smart 智富
地址	104 台北市中山區民生東路二段 141 號 4 樓
網站	smart.businessweekly.com.tw
客戶服務專線	（02）2510-8888
客戶服務傳真	（02）2503-5868
發行	英屬蓋曼群島商家庭傳媒股份有限公司城邦分公司
製版印刷	科樂印刷事業股份有限公司
初版一刷	2019 年 2 月
初版六刷	2023 年 6 月
ISBN	978-986-97152-6-3

定價 249 元

Smart 智富 讀者服務卡

為了提供您更優質的服務,《Smart 智富》會不定期提供您最新的出版訊息、優惠通知及活動消息。請您提起筆來,馬上填寫本回函!填寫完畢後,免貼郵票,請直接寄回本公司或傳真回覆。Smart 傳真專線:(02)2500-1956

1. 您若同意 Smart 智富透過電子郵件,提供最新的活動訊息與出版品介紹,請留下電子郵件信箱:_____

2. 您購買本書的地點為:□超商,例:7-11、全家
　　　　　　　　　　　□連鎖書店,例:金石堂、誠品
　　　　　　　　　　　□網路書店,例:博客來、金石堂網路書店
　　　　　　　　　　　□量販店,例:家樂福、大潤發、愛買
　　　　　　　　　　　□一般書店

3. 您最常閱讀 Smart 智富哪一種出版品?
　　□ Smart 智富月刊(每月 1 日出刊)　　□ Smart 叢書　　□ Smart DVD

4. 您有參加過 Smart 智富的實體活動課程嗎?　□有參加　　□沒興趣　　□考慮中
　　或對課程活動有任何建議或需要改進事宜:
　　_____

5. 您希望加強對何種投資理財工具做更深入的了解?
　　□現股交易　　□當沖　　□期貨　　□權證　　□選擇權　　□房地產
　　□海外基金　　□國內基金　　□其他:_____

6. 對本書內容、編排或其他產品、活動,有需要改善的事項,歡迎告訴我們,如希望 Smart
　　提供其他新的服務,也請讓我們知道:
　　_____

您的基本資料:(請詳細填寫下列基本資料,本刊對個人資料均予保密,謝謝)

姓名:_____　　　　　性別:□男　□女

出生年份:_____　　　聯絡電話:_____

通訊地址:_____

從事產業:□軍人　□公教　□農業　□傳產業　□科技業　□服務業　□自營商　□家管

您也可以掃描右方 QR Code、回傳電子表單,提供您寶貴的意見。

想知道 Smart 智富各項課程最新消息,快加入 Smart 課程好學 Line@。

●填寫完畢後請沿著右側的虛線撕下。

104 台北市民生東路 2 段 141 號 4 樓

廣 告 回 函
台灣北區郵政管理局登記證
台北廣字第 000791 號
免 貼 郵 票

行銷部 收

●填寫完畢後請沿著左側的虛線撕下。

●請沿著虛線對摺，謝謝。

書號：	WBSM0011A1
書名：	**人人都能學會股票當沖全圖解**